速溶綜合研究所　著

圖解
雜談力

快速掌握
49 項精準聊天秘技

U0106904

非凡出版

你知道成為受歡迎的人
秘訣是甚麼嗎？

你知道在等升降機的時候遇到上司該怎麼辦嗎？你知道遇到以前合作不順利的客戶該怎麼應對嗎？答案是——雜談！

不管在職場上還是日常生活中，不懂雜談會令你在人際交往中造成諸多不便。雜談力不僅僅是一種個人能力，還是一種關係到工作交流的技能，會雜談的人往往能和他人很好地交流，事半功倍地完成工作，而不會雜談的人，只能尷尬地站在一旁，眼睜睜錯過許多大好的機會。

本書讓你的溝通能力變得流暢，快速掌握雜談技能，抓住每一個屬於你的機會！

本 書 使 用 小 秘 訣

▼

在每一個 Chapter 的末尾,都會
着重講解一個雜談方法,並附以
「簡單實踐法」,期望透過圖像幫
助大家學習雜談技巧。

登 場 人 物

●Dr. Benjaman
性別：男 年齡：55 歲

速溶綜合研究所的研究員，專攻社會學。常年帶着助手到不同的地方去考察，喜歡在隨身攜帶的手帳上記錄各種細節。最近對於社會人的自我啟發也開始有了興趣，最喜歡的身體部分是鬍鬚。

●Kiko
性別：女 年齡：25 歲

Dr. Benjaman 的得力助手。由於曾經當過新聞記者，所以對於確認事實特別執着。認真，是 Kiko 最大的特點，所以她很多時說話比較直率，但是個內心非常淳樸善良的女子。

●Kelvin
性別：男 年齡：23 歲

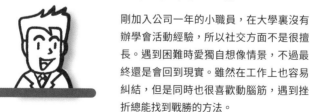

剛加入公司一年的小職員，在大學裏沒有辦學會活動經驗，所以社交方面不是很擅長。遇到困難時愛獨自想像情景，不過最終還是會回到現實。雖然在工作上也容易糾結，但是同時也很喜歡動腦筋，遇到挫折總能找到戰勝的方法。

●Peter

性別：男 年齡：28 歲

在職六年，是 Kelvin 的前輩，也是林 Sir 的得力助手。平時性格開朗，樂於助人，經常會幫助公司其他同事。喜歡與大家分享自己的有效工作經驗，受大家喜愛。

●Wing

性別：女 年齡：22 歲

跟 Kelvin 同一年加入公司，座位在 Kelvin 的正後方。擅長 Excel 等辦公軟件，在這方面非常樂於幫助同事。由於重視團隊精神，部門成員在一起討論問題時，她經常充當積極發言的角色。

●公司裏的同事：Tony・John・林 Sir

Kelvin 公司裏的上司和同事們，關係很和睦，經常一起討論問題、互相幫助。雖然他們各自的意見不同，但他們的意見成了 Kelvin 在危急時刻的強大後盾。

目 錄

CHAPTER 1

帶你認識 雜談力

1. 雜談就是打招呼和聊天　　P012
2. 閒話家常也無所謂　　P016
3. 雜談就是聯想遊戲　　P020
4. 只要你願意開口,雜談力就能變強　　P024
5. 有溫度的雜談,讓人覺得有趣　　P028
教你如何全方位看待雜談　　P032

CHAPTER 2

與工作夥伴的 雜談技巧

1. 遇到「吹水王」同事　　P038
2. 在升降機裏遇到上司　　P042
3. 想模仿優秀的前輩說話　　P046
4. 和不苟言笑的上司單獨出差　　P050
5. 等升降機時同事在旁邊　　P054
6. 週末素顏時遇到了同事　　P058
教你如何在雜談中配合對方　　P062

CHAPTER
3
如何與客戶
進行雜談

1. 如何迴避客戶的騷擾性話題 　　　　　**P068**

2. 交談中途突然有人離場 　　　　　**P072**

3. 重遇業務合作不成功的客戶 　　　　　**P076**

4. 雜談是吸引並留住客戶的第一步 　　　　　**P080**

5. 陪客戶吃飯時感覺很尷尬 　　　　　**P084**

6. 與客戶除了談工作,還能談甚麼 　　　　　**P088**

教你如何尋找對方的興趣點 　　　　　**P092**

CHAPTER
4
日常生活中的
雜談力

1. 忘了對方的名字 　　　　　**P098**

2. 探望生病的朋友時不知道說甚麼好 　　　　　**P102**

3. 跟內向的朋友該怎麼聊天 　　　　　**P106**

4. 被表揚時不知所措 　　　　　**P110**

5. 戀人雙方家長會面該怎麼聊天 　　　　　**P114**

6. 如何應對喜歡假謙虛的人 　　　　　**P118**

7. 碰到想挖你私隱的人 　　　　　**P122**

教你如何寬慰傷心的人 　　　　　**P126**

目錄

CHAPTER
5

你必須學習的
雜談工具

1. 為雜談做必要的文字準備　　　　　　**P132**

2. 如何做一個讓人印象深刻的自我介紹　**P136**

3. 讓不擅言辭的人開口雜談　　　　　　**P140**

4. 融入話題的雜談方法　　　　　　　　**P144**

5. 通過雜談了解他人的價值觀　　　　　**P148**

6. 引導對方說出內心真實的想法　　　　**P152**

教你如何掌握雜談節奏　　　　　　　**P156**

CHAPTER
6

聽聽雜談達人
怎麼說

1. 讓對方心情變好的簡單方法　　　　　**P162**

2. 給人留下深刻印象的告別話語　　　　**P166**

3. 在雜談中讓對方感到被尊重　　　　　**P170**

4. 快速地消除心理隔閡　　　　　　　　**P174**

5. 成為受歡迎的人的秘訣　　　　　　　**P178**

6. 有意思的雜談技巧　　　　　　　　　**P182**

教你如何快速地抓住人心　　　　　　**P186**

CHAPTER 7 雜談的誤區與 小貼士

1. 天氣是雜談的開場白　　　　　　　　　　P192

2. 為甚麼你和他們愈來愈疏遠　　　　　　　P196

3. 總被上司否定的真正原因是甚麼　　　　　P200

4. 接觸的次數很重要　　　　　　　　　　　P204

5. 多人場合應注意的雜談方式　　　　　　　P208

6. 不要讓自己變成以偏概全的人　　　　　　P212

教你如何進行完美主義度檢查　　　　　　**P216**

主要參考 & 引用　　　　　　　　　　　　**P220**

CHAPTER 1

帶你認識
雜談力

會聊天的人相對來說比較容易獲得成功，因為他們懂得根據不同的對象和場景開啟不同的聊天模式。看似簡單的閒談，其中卻蘊含了豐富的雜談技巧。

雜談就是
打招呼和聊天

雜談，是一種主題不那麼鮮明卻更容易拉近雙方距離，促進雙方深入認識的一種談話方式。因此，**雜談在生活中佔據着非常重要的位置，起着調劑人際關係的重要作用**，其中最常見的雜談就是打招呼和聊天。

Kelvin 和 Wing 是同期進公司的，在一次組隊郊遊的公司集體活動中，Kelvin 遲遲找不到跟自己一隊的同事，而 Wing 卻正好相反，不少同事都樂意跟她組隊。Kelvin 很納悶，完全不理解為甚麼會有這樣的情況。林 Sir 看到 Kelvin 的情況，熱心地提醒他：「要學會多跟同事打交道，有事沒事都多聊兩句，你看 Wing，她跟誰都很多話聊，人緣就是這樣聊出來的。」從此以後，Kelvin 不再是只因公事才找同事，平時也開始學習加入同事們的「吹水會」。慢慢地，Kelvin 開始融入了公司的大家庭。

正如上面提到的，Wing 之所以比 Kelvin 更受同事們喜愛，很大程度上是因為 Wing 善用雜談這種人際關係的潤滑劑。

早啊　　　　　HI

你今天穿得
好漂亮！

 我要和 Wing
組隊

Wing 和我
們組隊

......

獨自一人，
沒人和我
組隊

如果在路上遇到不熟悉的鄰居或者同事，除了打招呼之外，還能聊些甚麼呢？

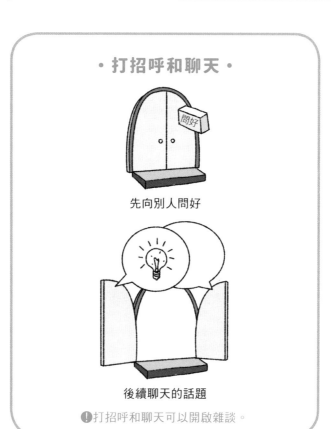

· 打招呼和聊天 ·

先向別人問好

後續聊天的話題

❗打招呼和聊天可以開啟雜談。

或許很多人會覺得跟不熟悉，甚至陌生的人聊天是一件很尷尬的事，其實我們可以循序漸進，從最基礎的打招呼和閒聊開始。

我們可以選擇一個輕鬆的話題切入，適合的話題因人而異，標準大致是基於雙方的共同性而引出話題。

1. 雜談的踏腳石就是先向別人問好

想要有效地展開一段雜談，我們首先要學會和別人打招呼，因為簡單的一兩句招呼，是我們向別人傳遞對話欲望的訊號。常用的打招呼方式有幾種，一種是向別人問好，如：「你好」、「早晨」。另一種就是表示你對對方的關心，比如問對方：「吃飯了嗎？」、「今天過得怎麼樣？」這類問題。還有一種打招呼的方式就是自我感覺的描述，比如：「哎呀，最近天氣轉涼了」、「OT 到現在快累死了，你怎麼樣？工作忙嗎？」

2. 只是招呼還不夠，後續的聊天更重要

打招呼可以給對方留下良好的第一印象，而後續的聊天就是借用談話拉近彼此距離的關鍵。所以，打完招呼之後，我們可以尋找一個輕鬆的話題切入，開始和對方聊天。適合閒聊的切入話題因人而異，比如，對象是同事，我們可以談工作；對象是鄰居，我們可以談屋苑節日佈置等。總之，就是尋找雙方有共鳴的話題，達到理想的雜談效果。

雜談並不難，關鍵在於面對不同的人或者場景時，根據實際情況，選擇有共鳴的聊天話題。

閒話家常也無所謂

不少人在跟別人聊天之前總是很多顧慮，擔心對方不認識你提出的話題，擔心說話的語氣、方式，擔心內容的充實程度等等。其實，**成功的雜談更注重雙方聊天的順暢度，內容是否實際反而是其次。**

John 在午休時間走進茶水間，發現 Tony 正與 Peter 前輩聊天。John 以為他們在談論甚麼大事，卻發現 Peter 和 Tony 其實只是在閒談「吹水」。Tony 邀 John 一起參與話題，John 則以工作忙為由拒絕了。一個月之後，John 發現 Tony 跟 Peter 熟絡了不少，而自己和 Peter 還是處於問一句答一句的關係。John 很困惑，就跑去問 Tony。Tony 告訴他，雜談有雜談的力量，不要小看這些無關工作的交流，這些私下的閒聊才能讓雙方關係更加熟絡。

John 認為，閒談的話題並不重要；而 Tony 則明白雜談的話題，即使空泛也無所謂，因為雜談的目的不是探討某一嚴肅的話題，而是拉近彼此的距離，讓彼此關係更加熟絡。

日常生活中，我們常常會遇到沒有任何目的和意義的談話，這樣的談話還要繼續下去嗎？

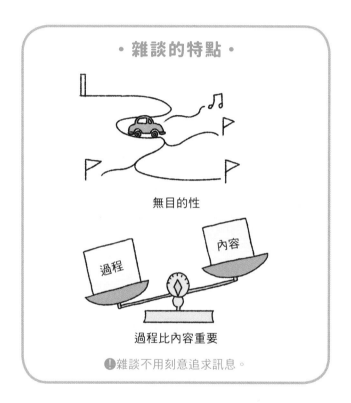

· 雜談的特點 ·

無目的性

內容

過程

過程比內容重要

❗雜談不用刻意追求訊息。

雜談本身並不是一種針對某一內容講求即時效果的談話方式。在交談的過程中，並不刻意追求訊息的獲取，而是更重視雜談過程中雙方的互動性以及後續對雙方關係的影響。所以，大家不必擔心聊天的話題是否具有特別的意義，簡單日常的內容也會讓彼此交流得很開心。

雜談的目的不是解決一個問題或者獲取各種訊息，而是拉近雙方的距離，讓談話雙方的關係更加熟絡。

1. 雜談，可以是無目的性的

一般來說，如果我們需要就某個具體內容，帶着目的性去找對方談話，那是一種討論、洽談或者請教、請求。雜談並不屬於這種帶有目的性的對話方式，無即時意義、隨說隨停才是雜談的特點。

2. 雜談，重談話過程而非談話內容

雜談講究的是談話過程中雙方的互動，並非側重談話內容本身。我們要了解雜談的目的，明確雜談的作用，不必過分強求每一次雜談都言之有物。一方面，過分講究目的性的談話容易讓人產生抗拒或者防備心態，不利於雜談的開展；另一方面，如果每一次雜談都要帶有特定的具體內容，那也就失去了雜談的意義。

總而言之，我們要明白雜談的意義在於透過對話讓雙方關係變得更好，而非就某一具體內容進行討論，即使談話內容無實際意義也沒關係。

雜談就是
聯想遊戲

冷場，是雜談最大的失敗；相反，成功的雜談，場面是話題不斷的。因此，想要成功地開展雜談，**我們就要善於發揮自己的發散思維以及聯想能力，讓話題一個接一個地湧現。**

最近公司召開了月度分享會，其實就是邀大家一起以開聊的方式說說自己的工作和生活，希望以此讓大家互相熟悉，加強團隊精神。輪到 Kelvin 時，他只是用三兩句話告訴大家自己就是宅男般的生活，沒甚麼特別，然後就結束了分享。Wing 則洋洋灑灑，從參加了瑜伽班，說到運動對身體和思維的好處，再引申出運動對人的思路的影響等內容，讓整個參加這次分享會的人都參與到她的話題。會後，Kelvin 請教 Wing 到底是怎麼做到的。Wing 告訴他，其實聊天就是一個不斷進行發散思維的聯想過程。

Kelvin 平淡的分享，讓人產生一種了無生趣的沉悶感，而 Wing 的分享，則讓人感覺充滿生機。其實，關鍵不在於雙方生活的差距，而在於雙方對話題的發揮程度不同。

想要雜談順利進行，我們需要以話題和內容的數量作為支撐。怎樣才能做到這一點呢？

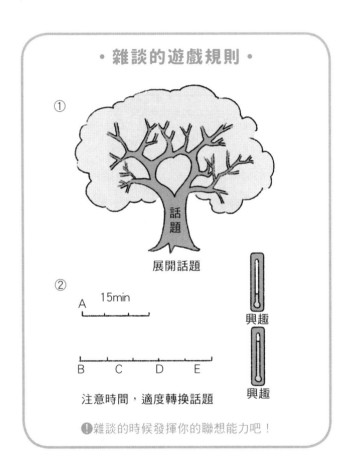

·雜談的遊戲規則·

① 話題

展開話題

② A ├ 15min ┤

B C D E

興趣

興趣

注意時間，適度轉換話題

❶雜談的時候發揮你的聯想能力吧！

雜談，就像是一個持續的聯想遊戲。雜談能力高低，很大程度上取決於雙方對話題的延伸能力。

我們可以訓練自己對於雜談話題的聯想力。比如，對方說到電子產品，我們就延伸出手機、相機等多個話題。

1. 雜談是一個不斷將話題展開的過程

想要雜談不尷尬，最有效的辦法就是訓練自己對雜談話題的聯想力。比如對方提到游泳，你可以在游泳話題結束之後，在游泳的基礎上延伸出「有氧運動」，又可由此過渡到瑜伽、泰拳等話題。總之就是根據當前的話題，尋找一個相關的點，不斷引出新的話題。

2. 同一個話題不宜進行太長時間

如果想在雜談中訓練聯想力，讓話題變得豐富，那麼我們可以嘗試控制單個話題的談話時間。因為一個話題交流得愈深入，所能提及到的內容就愈少，會很容易出現觀點對立之類的問題，「dead air」的風險就很高。所以，一個話題進行了兩分鐘左右之後，我們就可以試着更換新的話題。

雜談就是一個聯想遊戲，是一個不斷展開和切換話題的過程。因此，我們在雜談中要努力發揮聯想力，學習從討論的話題出發，尋找一個切入點，引出話題的另一個方面，或者引出新話題。同時，要注意控制單個話題的閒談時間，不要讓單個話題太過深入。

POINT

4

只要你願意開口，
雜談力就能變強

雜談是一種本領，但這本領不是天生的，而是可以通過後天培養獲得。只要大家多作嘗試，就能從不同場景下的雜談吸收經驗，慢慢地提升自己的雜談能力。

Tony 一直認為聊天講求的是天賦，每次看到大家聊得很起勁，自己卻不知該如何開口參與，所以總是一個人悶悶不樂。後來，Tony 和 Wing 合作跟進同一個項目，兩人的交流變多了，Wing 發現 Tony 並不是不樂意說話，而是想說話卻不敢說。於是每當 Tony 不出聲的時候，Wing 就鼓勵 Tony 將心中所想的話說出來。在 Wing 的激勵下，現在的 Tony 不僅不那麼害怕聊天了，還不時成為閒聊中的主力。

Tony 剛開始總是不說話，聽了別人的分享就了事。後來在 Wing 的「鼓勵」下，多次反覆地嘗試，漸漸地培養出一種「願意說」的態度。這也充分證明了只要多加練習，雜談能力就能不斷提升。

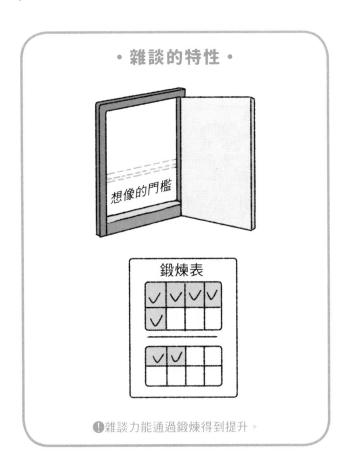

‧ 雜談的特性 ‧

想像的門檻

鍛煉表

❗雜談力能通過鍛煉得到提升。

雜談力的強弱,就像我們打字的速度一樣,多打多練能提高打字速度,多說多練,雜談力也能得到提升。

雜談力並非天生，每一個人都可通過日常對話來提升自己的雜談力。就像我們打字一樣，多打多練就能提高速度。

1. 雜談是基礎交際能力的體現

雜談，是基礎且使用範圍最廣的一種交際能力。雜談的「門檻」不高，很多時候只是發揮一種潤滑的作用，可以是見面時的寒暄客套，可以是等升降機時打發的時間，亦可以是茶餘飯後的閒聊。因此，面對雜談，大家不必有太大的心理負擔。我們要明白，**其實會打招呼、會聊一下天，就已經邁出了雜談的第一步**，這是一種與先天能力並無直接相關性的後天能力。

2. 雜談是一種熟能生巧的本領

特別會聊天的人通常是因為他們後天的鍛煉比較多，因為雜談力是一種熟能生巧的本領，所以後天訓練很重要。怎麼進行後天訓練？**首先我們可以嘗試從「回應」做起，也就是當別人提出了話題之後，我們勇敢地說出自己對這個事情的看法**。能夠接話之後，我們就要開始學習當話題的發起者，主動用自己擅長或感興趣的話題，與他人聊天。在不斷「回應」和「發起話題」的訓練中，我們的雜談能力就能得到提升。

我們沒必要將雜談看得太高深，沒有誰天生就比別人的雜談能力強，因為雜談不過是一種熟能生巧的本領。多說多練，相信你很快就能變成「雜談小達人」！

有溫度的雜談，讓人覺得有趣

雜談不難，但想要利用雜談讓雙方變得更加熟絡，就要講求一些小技巧。比如在雜談過程中表現出自己的誠意，讓雜談有溫度，這樣就能更好地讓對方產生共鳴。

Kelvin 跟林 Sir 及 Peter 一起出差，途中林 Sir 不時和 Kelvin 聊天，可是 Kelvin 都是問一句答一句。林 Sir 問 Kelvin：「聽說你喜歡看電影，都喜歡看甚麼類型的呢？」Kelvin 老實地回答：「就是看熱門的電影，我無所謂的。」林 Sir 回答：「哦，這樣啊。」就在這時候，Peter 開腔暖場，說道：「最近的港產片啊，也是挺好看的，不見得比國外大製作的差。」林 Sir 一聽，拍拍大腿說：「可不是嘛，現在我都不太想看荷里活的電影，全都是英雄主義⋯⋯」就這樣，林 Sir 和 Peter 就港產片的話題滔滔不絕，剩下「無所謂」的 Kelvin 在一邊默默聽着。

Kelvin 對於電影的見解或許也非常獨到，可他這種無聊的回答只會讓人感覺尷尬和接不上話。

雜談可以分為哪幾種？都有些甚麼樣的特點呢？

・雜談的兩個方向・

訊息

感情

❗雜談不但能傳遞訊息還能傳遞感情。

雜談可以分為兩種，傳遞訊息和傳遞感情。在傳遞訊息的雜談中講求訊息的客觀性，能給予對方信賴感；而在傳遞感情的雜談中融入情感，能讓對方感到更親切。

雜談可以分為傳遞訊息的雜談和傳遞情感的雜談，前者避免摻雜過多的個人情感，而後者對於人際交往有良好的促進作用。

1. 傳遞訊息的雜談

傳遞訊息的雜談，一般是就不同方面的訊息進行交流，比如工作調整、人事變動等。對於這一類型的雜談，訊息的客觀性比較重要。因為對於交換訊息的雜談來說，訊息是整個雜談的核心，我們是為了獲得更多的補充資料，從而使整個事件變得更加完整。所以要避免摻雜太多個人情感。

2. 傳遞感情的雜談

與傳遞訊息的雜談不同，傳遞感情的雜談要求我們要加入自己的感情。比如「聽說你最近病了，好點了嗎？」、「我好想吃麻辣火鍋哦。」凡此種種，在話題中融入對對方的關心，或者是融入自己情感和想法的雜談，是傳遞感情的雜談。傳遞感情的雜談對人際交往有着良好的促進作用，適當地在雜談過程中加入個人情感，能讓對方更加了解你的個性和想法，讓對方感到有趣和安心。

教你如何
全方位看待雜談

雜談與其他交流方式不同，雜談對「目的」和「意義」的側重性並不強，因為雜談很時候只是為了隨口聊幾句，打發一下時間，而在這種不經意的過程中往往可以拉近與他人的距離。

1. 雜談，能打發時間

雜談經常被用於打發時間，以避免長時間冷場。工作生活中我們會經常遇到和對方單獨相處或者幾個人相處的情景，例如吃飯前後、坐車途中等；**如果長時間沉默，就會讓場面非常尷尬。**因此，只要話題合適，雜談很有必要。這時候，我們可以選擇一些較為輕鬆的話題作為雜談內容，比如潮流熱話、社會時事等。盡量選擇淺顯溫和、大眾化的內容，讓人能夠隨聊隨停。這樣既可以打發時間，又可以避免尷尬。

2. 雜談，能加深親密度

雜談雖然簡單，卻是很不錯的人際交往手段。因為**在你一言我一語的過程中，透露着我們自己的個性、想法，能讓對方進一步了解我們**；同理，也能讓我們更加了解對方。增進了相互的了解之後，加深親密度也就是水到渠成的事情了。

雜談的
五個目的

3. 雜談，能幫助我們分享感受

每個人都會有自己的感受和情緒，開心時想和別人分享，傷心時想得到排解，這是人之常情。**適當地分享我們的感受，找到傾訴的對象，能幫助我們疏解心理。**在眾多的交流方式之中，雜談是很好的選擇。因為雜談沒有太強的目的性，不需要圍繞特定的主題來展開，這樣更有利於我們的個人情感抒發和感受分享。即使對方剛結束了對某個社會熱點新聞的評論，你直接就來一句「最近的生活很沒趣啊，真想出去旅行」，也不會顯得突兀。

4. 雜談，有助於整理自己的想法

很多時候，我們就某一個事件會有自己的想法，但我們對自己的想法並不清晰，或者根本沒上心去整理。**直到有人談及了這個話題，提出了自己的想法，反而能促使我們自己也去思考對這個事件的真實想法。**這也是雜談微妙的地方，各種不同情景的雜談中，比如茶水間中談工作、咖啡室裏談理想等，這些不經意的雜談能勾起我們對某一個方向的思考，讓我們更明確自己的真實想法。

圖解雜談力 —— 第一章 認識雜談力

CHAPTER 1

032
033

5. 雜談，能拓展我們的思路

雜談不具備特定目的，有時反而能激發我們的想像力和創造力，給予我們更多「天馬行空」的空間。也正因如此，有的雜談就像是一種沒有既定框架的頭腦風暴（Brainstorming）。由於每個人都有自己的思維模式，亦有不同的生活背景，因此對於同一個事件亦可以存在不同的想法或側重點。在我們和對方分享個人想法的過程中，對方的想法也能給我們以啟發，從而能幫助我們出點子，讓思路變得更加開闊。

所以說，雜談看似簡單隨意，作用卻不小，是我們拉近人際關係和整理思維的利器。

一起來看看有甚麼實踐方法！

[簡單實踐法]

教你如何全方位看待雜談

打發時間

拓展思路

加深親密度

雜談
五大目的

整理想法

分享感受

❗不要小看雜談，它的功能很多，在幫助我們拉近
與他人關係的同時，還能傳播訊息呢！

CHAPTER 2

與工作夥伴的
雜談技巧

在工作之中會遇到各種各樣的情況以及不同性格的同事，使用雜談技巧，能幫助我們化解尷尬，調節人際關係，讓我們在職場更加順利。

遇到「吹水王」同事

「會說話」，是一種加速關係進展的催化劑。可是，如果同事或朋友的「會說話」程度已經到了誇誇其談的地步，那麼我們就要巧妙地對答，想辦法「脫身」，不能一直浪費時間。

Wing 和 Kelvin 一起到市場部開會，開會前碰到整個市場部最能「吹水」的同事，對方不停地誇誇其談。Kelvin 不好意思不回應對方，便回答說：「前輩你太厲害了，怎麼能這麼快速開單啊？」Kelvin 這麼一問，對方又說了將近五分鐘，說自己如何瞬間贏得客戶內心，說完還得意地看了看 Wing 和 Kelvin。Wing 這次搶在 Kelvin 之前開口說：「嗯！厲害！」對話也就自然暫停了，因為 Wing 的回答簡短有力，但又零提問、零訊息，根本讓人接不上話。

Wing 之所以能順利地「截斷」同事的誇誇其談，很大程度是因為她的對答沒有給對方的補充留「後路」。

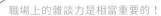

職場上的雜談力是相當重要的！

當你不方便立刻離開誇誇其談的同事，還必須跟他待在同一個空間，那怎麼辦呢？

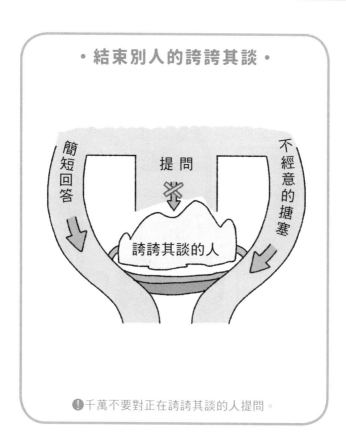

· 結束別人的誇誇其談 ·

簡短回答

提問

不經意的搪塞

誇誇其談的人

❗千萬不要對正在誇誇其談的人提問。

某些人之所以誇誇其談、滔滔不絕，是基於想透露訊息或者炫耀自我的目的。所以，想要躲開誇誇其談者，我們可以善用「不經意」以及「不追問」這兩個方法。

我們可以使用不帶疑問的話語，不讓對方有不斷說下去的機會；也不要在回答之中提供訊息，讓對方有機會進行訊息補充。

1. 用一些不經意的回答搪塞過去

交流總是你來我往的，面對誇誇其談者，我們首先可以嘗試用一些不經意的回答，採用搪塞的辦法將對方的話堵回去。比如，對方想跟你詳聊某段光輝往事，你可以說「哎呀，到開會時間了」之類的話。簡單來說，就是不對對方的具體內容做出回應，而是以趕時間、有人找你、自己有急事之類的藉口，將對方的話應付過去。但需要注意的是，如果對方跟你關係一般，你可以稍微不經意些；倘若對方是你的工作夥伴甚至上司，那麼你的話語要略顯抱歉，含蓄地表示你對沒辦法聽他的故事而感到可惜。

2. 盡量採用不帶疑問和訊息的回答方式

還有一種辦法是採用零訊息、零提問的做法。盡量採用不帶疑問的話語，別讓對方有機會不停地往下說；也不要在回答中提供訊息，讓對方有機會進行訊息補充。最好是用簡短肯定的回答，比如「厲害！」、「真不錯」等讚美話語，表示尊重，又沒有給對方太多往下說的餘地。

面對誇誇其談者，我們要善用不經意的搪塞以及零訊息、零提問的回答，關鍵在於不要給對方太多接話的機會。

在升降機裏遇到上司

面對上司，我們總會比平時更拘謹些。尤其是在升降機偶遇上司，很多人都會緊張或者尷尬，說公事太正規，說私事又不合適。這時，雜談便可以發揮作用了。

John 和 Peter 一起在升降機裏遇到了林 Sir。林 Sir 親切地和 Peter、John 打招呼。林 Sir 跟 John 說：「工作順利嗎？感覺怎麼樣？」John 只簡單地回了一句：「謝謝林 Sir 的關心，都挺好的。」Peter 見 John 緊張，便神態輕鬆地和林 Sir 聊了起來：「說起工作呀，還是要請你傳授一下提升工作效率的經驗。」林 Sir 便開始講自己的時間分配理論。Peter 的問題雖然和工作沾邊，卻並非針對具體工作展開話題，既不會太嚴肅，又避免了尷尬。

所以說，如果在升降機遇到上司，不妨學習 Peter 的做法，引入一些工作方面的軟話題。

職場上的雜談力是相當重要的！

如果在升降機裏面偶遇上司，聊些甚麼樣的話題比較合適呢？

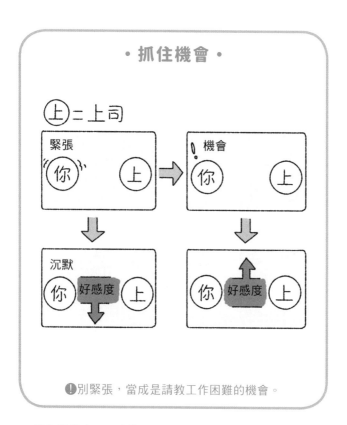

· 抓住機會 ·

上 = 上司

緊張
你　　上

機會
你　　上

沉默
你　好感度　上

你　好感度　上

❗別緊張，當成是請教工作困難的機會。

1. 當作是機會，別害怕跟上司在升降機裏雜談

在升降機或者其他相對封閉的空間偶遇上司，是工作中常有的事。面對這種情況，雜談能很好地發揮作用。所以我們一定要靈活處理，**不要太過害怕和緊張，不然反而容易**

我們可以選擇一些與工作相關的軟話題，比如「如何規劃時間」、「如何提升業務水平」等和工作沾邊，又不具體的話題。

把場面變得尷尬。我們要把這種情形變成一種能讓上司更加深入地了解自己的機會。選擇一個適合的話題，開展一場輕鬆得體的雜談，從而增進雙方的了解，也能給上司留下好的印象。

2. 最好選擇跟工作相關的軟話題

如果刻意地就某一具體工作向上司提問或者分享個人工作體驗，很容易讓上司感到疲勞，甚至會覺得你趁機炫耀自己。因此，具體如「某某項目的進度」這類內容不適合在升降機內和偶遇的上司聊。那麼，聊甚麼才好呢？我們可以選擇和工作相關的軟話題，比如「如何規劃時間」、「工作任務如何分配更高效」、「如何提升某項業務的水平」等。這些話題和工作沾邊，卻並不具體，一方面能給上司發揮的空間，不會讓他思考得太深入；另一方面還能在上司面前塑造一個你很勤奮、善於思考、力求進步的形象。

總的來說，如果在升降機遇到上司，不要緊張，要把這種情況當成拉近與上司關係的機會把握住，用與工作相關的軟話題開展一場輕鬆得體的雜談。

想模仿優秀的前輩說話

模仿，有的時候是進步的一種捷徑，雜談力的提升也同樣如此。不過，如果我們想要模仿受歡迎的前輩的說話方式，就要**注意歸納總結，絕不可以完全照搬**，不然會有東施效顰的尷尬。

Kelvin 和 Wing 關係很好，Kelvin 看到 Wing 偶爾會學習他們的前輩 Peter 說話，於是 Kelvin 便也跟着學習 Peter 的說話模式，態度輕鬆且從容不迫。大家正在就明天春茗抽獎的獎品各抒己見時，Kelvin 加入了討論說：「放心吧，獎品不會讓大家失望的，我們工作表現好，公司業績又上升不少，獎品還會小嗎？」聽 Kelvin 語氣篤定，大家都以為 Kelvin 得到甚麼內部消息，便一直追問 Kelvin。Kelvin 這下尷尬了，其實他只是模仿 Peter 的說話方式而已，並沒有甚麼小道消息。見 Kelvin 面紅耳赤，Wing 便為他圓場說：「哈哈，Kelvin 就是特意和你們玩，大家都上當了吧。」Wing 看出了 Kelvin 在模仿 Peter 那種事事做總結，往好的方向安撫大家情緒的說話方式。不過，由於資歷、經驗不同，Wing 建議 Kelvin 不要完全照抄，而是選取自己適用的部分來學習。

職場上的雜談力是相當重要的！

為甚麼同樣一句話，前輩說很合適，而我們如果模仿前輩說出來卻很尷尬呢？

·模仿的三要點·

學習技巧而不是照抄

技巧

內容

避免主觀總結

信

STOP

只模仿合適的內容

❶千萬不能盲目模仿。

模仿能言擅辯的前輩說話，能讓我們很好地提升雜談力。但在學習過程中，一定要學會分類和歸納，不能直接照搬。

1. 釐清概念，模仿不等於照搬

向經驗豐富的前輩學習聊天技巧，是快速提升自身雜談力的一種方法，不過我們一定要注意**不能生搬硬套別人的說話模式**。因為每個人的閱歷以及社會地位不一樣，很多時

因為前輩和我們在社會地位、資歷經驗上都不同，很多時候，別人說的話，我們照學就不太合適了。

候別人說的話，我們原原本本地說出來就不太恰當。最好的方法是學習對方的技巧，結合當時的情景和自己的需求，而不是完全照搬。

2. 模仿的時候，盡量規避主觀的歸納性總結

關於雜談的無目的性，我們在模仿前輩的時候一定要留神。因為受歡迎的前輩們往往在各種交流方式中滲透着自身的立場，他們往往具備一定的話語權或者權威性，所以他們在雜談中融入歸納性總結甚至是定論，也是很自然的事。但對於我們來說則不一定了，我們的閱歷不及前輩，過於主觀的歸納總結容易流於信口開河，從而影響聽者對我們的印象。

3. 選取適合自己的、有意義的內容即可

在模仿前輩的過程中，最保險的做法是**選取對方談話中有意思、有意義的點來說**。比如能夠勾起他人興趣的，或是能讓人產生共鳴的話題。也就是說，我們可以通過跟前輩的雜談來積累話題，選取前輩談話內容中比較有趣的點，作為我們日後的雜談素材。

和不苟言笑的
上司單獨出差

和上司單獨出差,想必很多人都會思考路途上要不要和上司聊天,聊甚麼才能避免尷尬,聊甚麼才不會給對方留下不好印象等問題。這也是考驗我們交際能力的一種情形,這個時候就可以**用雜談打開和上司聊天的話題**。

Tony 進公司以後,首次和總經理單獨出差。總經理比較嚴肅,剛開始兩人都沉默不語,場面非常尷尬。為了打破這種局面,Tony 鼓起勇氣,詢問了好幾次總經理有甚麼需要,都被總經理一句「不用,謝謝」給塞回來了。直到在途中,Tony 接到了一位客戶的電話,客戶一而再再而三地修改預算,Tony 大吐苦水,反而引發了總經理的興趣,開始和 Tony 就這個客戶的修改意見聊了起來。

Tony 多次努力尋找話題,並無效果,不經意地訴說工作的不順利反倒開啟了和總經理聊天的話題。因為對於不苟言笑的上司來說,下屬的工作往往是他們的關注點。

如果上司是一位不苟言笑的人，和他聊甚麼話題比較容易消除尷尬的氣氛呢？

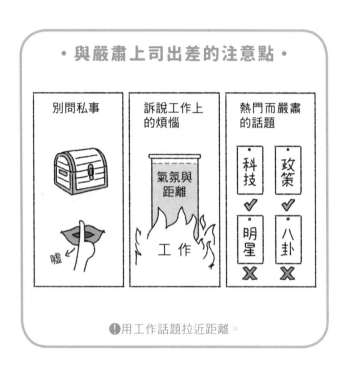

·與嚴肅上司出差的注意點·

別問私事	訴說工作上的煩惱	熱門而嚴肅的話題
	氣氛與距離 工作	科技 ✓ 政策 ✓ 明星 ✗ 八卦 ✗

❶用工作話題拉近距離。

1. 對不苟言笑的上司，避免一開口就詢問對方的興趣或私事

與願意跟下屬聊天的外向型上司相比，**嚴肅型的上司一般不太願意與下屬聊些瑣事，對於自己的私事就更加不想提及**。因此，對於這種性格的上司，如果開口就以個人情況為話題展開聊天，恐怕會留下「喜歡窺探他人私隱」的不良印象。所以最好以工作、公事方面的話題展開雜談。

嚴肅型的上司一般不太願意聊一些瑣事，對於私事更是閉口不談，所以我們可以就工作或者公事與上司展開雜談。

2. 可以主動跟對方訴說工作上的難處或煩惱

同時，以自己的個人生活展開雜談也是不妥的。作為不苟言笑的上司，比起下屬的私人情況，他們可能更關心下屬的工作情況。因此，遇到這種嚴肅、難以找到閒聊話題的上司時，我們可以選擇**以工作中遇到的困難，或者想要尋求指點等話題展開雜談**。

3. 還可以選擇嚴肅的熱點話題

除了工作上的話題，我們還可以選擇**具備社會現實意義的大話題進行切入**。比如在坐車過程中談談電動車的現狀和發展，談談最近的香港置業問題等。要注意的是，盡量選擇一些涉及經濟社會發展的大話題，避免談及那些家庭日常生活瑣事、明星八卦的花邊新聞。

和不苟言笑的上司單獨出差其實並不可怕。我們可以借助這個機會，聊聊自己在工作中遇到的困難，或者自己對工作的看法，說不定還能收穫令你恍然大悟的指點。

等升降機時
同事在旁邊

和同事一起等升降機，看似是小事，但也體現了個人交際能力。善用雜談的話題和技巧，就能抓住一起等升降機的這個小片刻，打好人際關係這張牌。

在早上上班等升降機時，John 遇到財務部的同事，John 和對方打了個招呼，然後就低下頭玩手機了，給人十分冷漠的感覺，其實 John 只是不知道該怎麼去跟人家閒聊。幸好過了片刻，Tony 也來了，他除了打招呼，還直接跟財務部的同事閒聊了起來：「一年一度財務結算來了，聽說你們都忙得不可開交呀。」對方回答說：「可不是嘛，忙壞了……」對方一直和 Tony 分享最近的工作情況，氣氛熱絡起來，不再尷尬了。

案例中，Tony 善用雜談，利用和同事一起等升降機的時刻，增進雙方的關係。

職場上的雜談力是相當重要的！

如果和不大熟絡的同事一起等升降機，有甚麼話題可以開啟雜談，而且是對任何人都通用的呢？

・開展雜談的三個切入點・

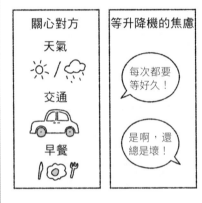

關心對方	等升降機的焦慮
天氣	每次都要等好久！
交通	是啊，還總是壞！
早餐	

公司消息

獎金

休假

Holiday

部門合作

❗天氣和交通的話題適用於任何人。

和帶有目的性的討論、交流不同，雜談的舞台往往就是等升降機、等巴士之類的零碎時間。因此，如果等升降機的時候一直有同事在旁邊，請一定利用好雜談這個人際小法寶。

1. 以關心對方的話題作為切入點

如果和不大熟絡的同事一起等升降機，雙方都不知道對方

感興趣的話題，那麼我們可以**選擇無關緊要的話題切入**。比如天氣、交通等方面的常規話題，放在大多數同事的身上都適合，既能引發話題，又不會讓人反感，是雜談初級階段較為保險和有效的切入點。

2. 可以把等升降機的焦慮情緒作為切入點

即使雙方不熟絡，但有一點是相同的，那就是：你們都在等升降機。因此，我們可以選擇**以等升降機的焦慮情緒作為閒聊的切入點**，如「我們這個升降機挺慢的，每次都要等好久呢」之類的話題。當然，這只是出於雜談目的的話題，我們不必就升降機問題深入地討論，順利開啟對話後，就可以切換到下一個話題了。

3. 可以用公司消息作為切入點

當遇到不在同一個部門的同事，這個時候雜談發揮得好，甚至能為以後跨部門工作溝通打好基礎。因此，我們可以**選擇公司的公共訊息作為切入點**。比如「聽說下個月會籌備春茗了」、「就要發花紅了」這樣的公司訊息，不管是不是同一個部門的同事，都會感興趣，所以是很不錯的話題切入點。

週末素顏時
遇到了同事

在商務場合，化妝是一種禮儀，表示我們對對方的尊重。可是不少女性在週末可能會素顏，這個時候倘若遇上了同事，就會略顯尷尬。想要化解這種素顏相對的尷尬，最好就是利用雜談把關注點從自己的素顏上移開。

Wing 每天上班都會化妝，也會精心穿搭，但在週末，Wing 一個人去超市買日常用品就懶得化妝了。這時候，剛好碰到了和妻子一起在超市購物的 Peter。Peter 沒見過 Wing 素顏的樣子，頓時也不知道說甚麼好，尷尬地打了個招呼，準備離開。Wing 靈機一動，覺得不能以這種尷尬的氛圍結束對話，否則這個印象就會久久留在前輩心中。於是說：「你們也喜歡自己下廚啊？我也是，一到週末就自己做飯。」Peter 應道：「哎呀，現在女生總不是下廚。」Wing 回應：「是嗎？上班總是吃外賣，週末能自我獎勵一下，我覺得很好呢。」Peter 繼續說道：「可不是嘛，週末就要過得自在嘛。」就這樣，Wing 成功將 Peter 的注意力轉移到了生活態度上。

職場上的雜談力是相當重要的！

週末素顏的時候遇到同事該怎麼化解尷尬呢？

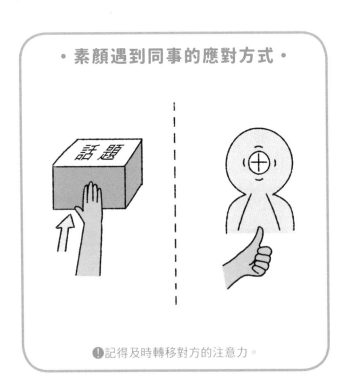

· 素顏遇到同事的應對方式 ·

❗記得及時轉移對方的注意力。

對於不少女性來說，素顏時遇到同事是一件非常尷尬的事。那麼遇到這種情況時，要如何化解呢？

1. 主動出擊，自己去引發話題

當你素顏時碰到同事的時候，要善於主動出擊，自己去尋找話題，破解僵局。因為對方會顧慮你的感受，不好主動

首先可以採用自嘲的方式化解掉素顏的
尷尬，然後再轉移話題，將對方的注意
點從我們的素顏上轉移開。

提出話題。這時候，最實用的方式是你就自己的素顏引發
話題，用雜談去化解尷尬。比如，「早知道會見到經理你，
我就盛裝出現啦」、「早知道會碰到你，我就不戴這副陳年
眼鏡啦」。這樣是化解雙方尷尬的第一步。

2. 營造輕鬆氛圍，將對方的關注點從素顏上移開

當初步化解了素顏尷尬之後，我們就要善用合適的雜談話
題，營造輕鬆氛圍，讓對方的關注點自然地從你的素顏上
挪開。如果遇到女同事，我們可以很自然地將話題延伸至
護膚、減肥等話題上。而遇到男同事，就可以簡略地打個
招呼，或是採用略帶讚美和欣賞的方式，將話題引到對方
的身上，從而減輕對方關注自己素顏的尷尬。

總之，當我們素顏遇到同事，首先可以用自嘲的方式先化
解面臨的尷尬，然後再利用針對性的話題，將對方的關注
焦點從素顏上轉移開。

教你如何
在雜談中配合對方

雜談固然沒有太強的目的性，但良好的雜談力卻有可能帶來意想不到的甜頭。所以，不斷提升自己的雜談力對工作生活是意義重大的。那麼，怎麼才能提升雜談力呢？其中一點就是配合好對方。

1. 選擇對方喜好的方式展開話題

每個人都有自己喜歡的說話方式，有的人喜歡循序漸進，就一個事件慢慢地談；有的人喜歡開門見山，三言兩語說透一個話題，然後快速切換到下一個話題。所以，針對不同的人我們要選擇不同的說話方式，盡量迎合對方的方式。

2. 附和對方的話題

想要在雜談中配合好對方，我們要學會附和對方的話題，因為我們的附和，能激發對方繼續交談的興趣，還能刺激對方持續分享訊息的欲望。一般來說，大多數人都會帶着他們各自的處事方式和價值觀去聊天，我們細心觀察就會發現，雜談內容中融合着他們對事件的看法。適當的附和，能讓對方感受到我們對其價值觀和立場的贊同。這樣往往能給對方留下良好的印象，提升我們在其心目中的認可度。

3. 讓對方持續保持「興奮」

想要配合雜談的對象，我們可以讓對方持續保持對話的「興奮度」。所謂對話的興奮度，其實主要體現在對方對話題感興趣的程度上。當我們在雜談中發現對方對某些話題特別感興趣的時候，我們可以嘗試多往這個方向去發掘話題，讓對方保持交談的熱情。

4. 就對方的話題進行訊息補充

適當地為對方的話題進行訊息補充，不僅體現了你對其話題的興趣，還能很好地配合對方，讓整個話題變得更加活躍，雙方的互動性也更好。

（1）補充訊息

當對方提出某個話題，而你也掌握了這個話題相關訊息的時候，最好的做法就是對對方提出的話題進行訊息補充。這樣能讓雜談話題更加完整，促進訊息互通，是配合對方交談的利器。

（2）適當延伸主題

其次，我們可以適當地對對方提出的主題進行延伸。以買保險為例，我們可以將話題延伸至「誰誰誰生病因為有保單，所以減輕了不少家庭壓力」等方向。這類延伸性話題，能更好地配合對方，很好地提升對方與你繼續雜談的興趣度。

總而言之，想要配合好對方，我們首先要表示出最大的尊重，迎合對方喜好的談話方式，不斷給對方引出讓其感興趣的話題。同時也要適當地幫對方的話題補充訊息或想法，讓對方的話題得到延伸，也表現出我們對對方所說的話題有極大的興趣，不會讓交流的氣氛冷淡。

[簡單實踐法]

教你如何在雜談中配合對方

感興趣 的話題				
附和 話題	1		2	
喜歡的 方式	循序漸進		開門見山	
補充 訊息	補充		延伸	

❶雜談不是一個人從頭說到尾，而是需要兩個人或者多人同時參與，這就需要我們很好地去配合其他人，讓雜談順利地展開下去。

CHAPTER 3

如何與客戶
進行雜談

與他人進行雜談，要根據不同的場合有技巧地應對。在與客戶進行交涉的時候，利用雜談力不僅能幫我們提升業績，還能解決一些難題。

快來學習本章教給大家的技巧吧！

如何迴避客戶的
騷擾性話題

在工作中難免會遇到一些言語輕佻的客戶，我們在不得罪客戶的前提下，巧妙地利用閒聊迴避對方輕佻的話語或者騷擾性話題就顯得非常重要。

Wing 在一次與客戶進行商談的時候，遇到一個看似不經意但是言語中摻雜着曖昧的客戶。Wing 很苦惱，於是向公司的前輩 Peter 請教該如何處理。Peter 告訴 Wing，他曾帶過一個女實習生，有次客戶當着 Peter 的面問女實習生：「剛畢業吧？有男朋友了嗎？」Peter 以為客戶只是無意的閒聊，便替臉紅了的實習生回答說：「她才畢業，還沒交男朋友呢。」結果後來實習生總是收到客戶的電話，詢問私人感情生活情況，Peter 這才恍然大悟。Peter 告訴Wing，以後面對客戶商談中摻雜騷擾意味的話題時，拒絕的話語可以婉轉，但是態度一定要堅決。

此後，在遇到客戶問「待會談完正事，我能請你吃個飯嗎？」之類的問題時，Wing 都會以「實在抱歉，這份報告今天晚上就得趕出來」等類型的回答婉拒。

和客戶見面，雜談力絕對不可或缺！

工作中遇到言語帶有騷擾意味的客戶，
如何處理才好呢？

・面對客戶騷擾的應對方式・

NO!

❗態度要堅定，拒絕要委婉。

作為一個需要經常面對各類型客戶的職場新人，特別是女性，巧妙地化解這類問題，會讓你的工作能順利進行，也能解決很多後續的麻煩。面對客戶的騷擾性話題，我們可以參考以下兩點來應對。

1. 表達出自己的意向，岔開話題

一般情況下，對方所展開的騷擾性話題，剛開始都帶有試探的意味。所以，我們需要在對方騷擾性話題展開前就表

達出自己的明確態度，並且岔開話題。先用「抱歉」、「有急事」等回答來表達自己拒絕的立場，然後再回問對方別的話題，把話題轉移開。

2. 用婉轉的語氣來表達自己的意向

表達自己迴避或者拒絕騷擾性話題的意向，不是說我們必須義正詞嚴或暴跳如雷。因為過激的反應會將事態推向不利的方向發展，很容易帶來工作上的損失。所以我們可以採用溫和的口吻和處理方式，少用太過尖銳的回答，多用「暫時不考慮」或者「沒有這樣的想法」之類的回答。

面對客戶或者他人的騷擾性話題，先要表達出自己不想繼續這類話題的態度，而後要注意選擇溫和、婉轉的語氣去表達自己的意願，不會讓對方尷尬難堪。

交談中途突然
有人離場

第一次跟隨上司或公司前輩與重要客戶進行項目商談，中途上司或前輩因要事離場，你該怎麼辦？偌大的會議室只有你與客戶，若是雙方因此全無交流未免太尷尬，那該如何避免這種情況呢？

Peter 和 Wing 去見客戶，在討論的過程中，Peter 突然因為身體不適要去一趟洗手間。會議室便剩下了 Wing 和客戶二人。由於剛才和客戶談的主力是 Peter，客戶也就沒再繼續談項目的內容。Wing 覺得，如果就這樣乾等 Peter 回來，自己和客戶都會有點尷尬。於是，Wing 就跟客戶閒聊了起來，Wing 說：「王先生，你們公司的視野真好啊，在這種視野開闊的會議室談項目，感覺特別精神爽利呢。」王先生聽到 Wing 的話，挺感興趣的，就順着會議室這個話題，聊起了當時公司選址、工作環境、員工福利等。

面對三人交談，而其中一人突然離開的場景，貿然地接着剛才三人的話題繼續往下談會顯得不夠尊重離開的那一方，可是沉默不語又會讓剩下的兩人很是尷尬。所以，最好的辦法就是選擇一個與當前環境相關，但是又輕鬆的雜談話題。

和客戶見面，雜談力絕對不可或缺！

王先生，你們公司的視野真好啊！

當初公司選在這裏就是因為此處視野開闊，辦公環境好。

面對三人交談一人離開的情況，還要繼續聊剛才的話題嗎？

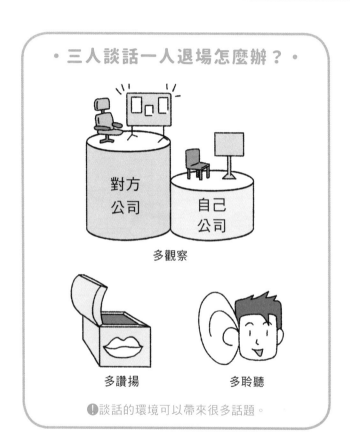

・三人談話一人退場怎麼辦？・

對方公司

自己公司

多觀察

多讚揚

多聆聽

❶談話的環境可以帶來很多話題。

會議過程中的談話並非輕鬆隨意，良好的雜談話題能拉近雙方關係。但是，面對不同的環境，我們還需要根據具體情況來選擇話題。

如果繼續聊會有些不尊重離開的一方，並且他回來也可能接不上話題的進程，所以最好的辦法是切換其他話題。

1. 觀察周邊事物，包括牆上的告示、桌上擺設等

會議場所裏的整體環境以及裏面的器具，都可以成為雜談話題，這樣既不會顯得太過正式，又可以打開多個話題。比如根據裝修風格談辦公環境；從牆上的溫馨告示談到上司對員工的關心等。只要我們細心觀察，總會有可以打開話題的點。這裏需要注意的是，不要詢問對方的營業額、收益等敏感的話題。

2. 使用對比句讚揚對方公司環境

如果交談場所是對方公司，那我們可以選擇讚美該場所，認同該場所功能的話題。如欣賞會議室的多功能配備等，將對方公司環境與我方的相比較，一來能讚揚對方公司辦公環境好，二來顯得我們很謙虛。

3. 一旦對方話匣子打開，就當一個傾聽者

此外，如果第三方離場的時間相對較長，我們還可以進一步圍繞所處的場所展開延伸性的話題，以避免冷場。話題盡量以對方為主體，一旦對方的話匣子打開，我們以聆聽為主，適時插入幾句認同的話即可。

重遇業務合作
不成功的客戶

在工作中，我們會因為各種原因中斷與某些老客戶的合作，與新客戶開展業務，也會因為某些原因與新客戶未能達成共識，洽談失敗等。**作為公司的員工，遇到這類終止合作或是談判不成功的客戶，該怎麼做才能夠避免尷尬，並且為以後的合作留下餘地呢？**

Peter 和 Wing 一起去附近一家餐廳用餐。剛一進門，Wing 就看到了之前和 Peter 一起去談生意，但最後未能成功合作的黎經理。Wing 本想裝作沒看到直接走開。可是，Peter 卻把 Wing 拉住了，禮貌地和黎經理打招呼：「黎經理，好久不見了！最近好嗎？」沒想到黎經理也很熱情地回應：「噢，是 Peter 和 Wing 啊，好久不見！我挺好的。」Wing 也順着話題說道：「這家店的菜很不錯，你慢慢品嚐。」黎經理笑了笑：「謝謝。」、「那你慢用。」Peter 說完，才和 Wing 離開。

遇到曾合作得不順利的客戶，一時不知
所措怎麼辦？

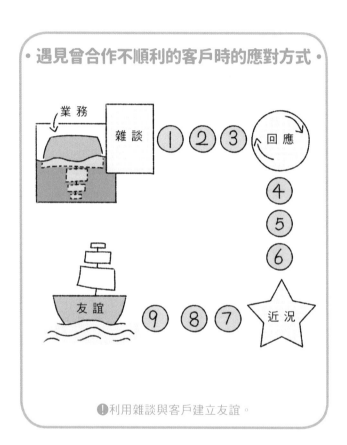

・遇見曾合作不順利的客戶時的應對方式・

業務

雜談　①②③　回應

④
⑤
⑥

友誼　⑨⑧⑦　近況

❶利用雜談與客戶建立友誼。

雖然和客戶的業務談不成，但不代表沒有再次合作的可
能，所以面對這樣的客戶，可以適當地聊一點與雙方業務
往來並無太大關係的話題，以便給對方留下禮貌的好印象。

不用緊張，我們可以先禮貌地和客戶打招呼，再利用雜談聊聊雙方的近況。在這一次友好的接觸中拉近雙方距離，為下一次合作做好鋪墊。

1. 禮貌地和對方打招呼

如果是在餐廳或者其他場合遇到曾合作不順利的客戶，不用緊張，可以主動和對方打招呼。然後再說一些「這個店很不錯，你慢慢吃」之類的話，最後再有禮貌地跟對方道別。即使是過程中除了這一兩句寒暄的話，其他話都不說，也不要緊。因為你禮貌地與對方打招呼，就已經給對方留下了一個識大體的印象。

2. 如果對方有良好回應，也可以說一下自己的近況

在對方禮貌性地打招呼之後，如果對方還記得你的名字並且給予積極的回應，那麼，你們還可以拋開雙方業務往來的關係，說說近況，聊聊時事。這樣做的目的是讓對方感覺到你並非單純為了業務在跟他聊天，而是從心裏信任他。一般情況下，主動給對方訴說自己的辛酸或者不如意，是放低姿態的表現，能降低對方對你的戒備心，增強對你的接納度。

工作中的商業洽談，是為了讓兩個公司在合作中實現彼此利益的最大化，不應以個人情緒為主導。面對業務談失敗了的客戶，我們不必如驚弓之鳥一般充滿敵意，而是應該得體地與其寒暄。

雜談是吸引並留住客戶的第一步

對於銷售領域的工作人員來說，業績和其雜談能力有直接的關係。一場好的雜談在給顧客留下良好印象的同時，還起到了推銷產品的作用，從而提升銷售業績。

Kelvin 和 Wing 在公司附近看到兩家新開的店舖，一家賣果汁、一家賣中式涼茶。二人口渴，便走向果汁店問橙汁的價格，果汁店主冷漠地回答：「二十元一杯。」Kelvin 問道：「你們的果汁是現榨的嗎？」果汁店主並未回答 Kelvin 的問題，卻反問道：「你到底買不買？」Kelvin 感覺對方不禮貌，轉身就離開了果汁店，和 Wing 來到涼茶店。

一進門，Wing 就說：「天真熱，有甚麼解暑涼茶推薦嗎？」涼茶店主回答：「前幾天有不少人熱得中暑了，我推薦你喝我們的招牌涼茶吧！」Wing 得到了回應，而且店主的回應中還加入了「訊息回饋」，這讓 Wing 產生了興趣，於是便和 Kelvin 一起在涼茶店坐下來，喝了涼茶，還跟店主聊了會兒天。

和客戶見面，雜談力絕對不可或缺！

推銷產品的時候如何利用雜談更好地提升業績呢？

利用雜談提高業務能力

產品知識　銷售詞彙

知識庫

Hi!

隨意看　愛好　產品　New│Old

興趣

❗注意這五點，更好地和顧客交流。

雜談力強對於提升銷售業績大有裨益，但我們該怎麼做呢？

1. 豐富產品知識和銷售詞彙

要不斷累積和豐富與自己銷售範疇息息相關的知識和詞

親切的問候是建立良好印象的開端，不要一見到客戶就直接推銷產品，可以先給客戶自己挑選的時間，然後再詢問對方的興趣愛好推薦產品。

彙，多讀多記，以便在銷售過程中更好地將這些積累信手拈來。同時要對所在行業的趨勢、動態有一定把握，了解行業發展和消費者風向。

2. 親切的問候是第一步

親切地問候客戶，讓客戶感到自己被關心、被重視，這樣更能讓客戶提升對我們的好感度，也有利於解除客戶面對推銷時起的防備心理。

3. 不要急於推銷產品

不要在一開始就追問顧客「你要買甚麼？」之類的問題，以免顧客反感。應多說「需要幫忙嗎？」，如果顧客喜歡自己挑選，可以說「請隨便看，需要服務的話請隨時告訴我」。

4. 利用雜談，不經意地詢問對方的購買意圖

對於不排斥和你交流的顧客，我們可以裝作不經意的樣子詢問他們的購買意圖，甚至可以問他們平時的興趣愛好，以此來推薦適合他們的產品。

5. 不要區別對待新老客戶

新老顧客，都要把他們當作朋友對待，不要因為他們光顧的頻率不同而讓雜談的內容有太大的差別。

陪客戶吃飯時感覺很尷尬

陪客戶吃飯，可謂是日常工作中常見的情景，但對於職場新人來說，也是一個不小的考驗。

John 最近在與一位客戶談項目，對方在首次會談結束後，禮貌地邀請 John 一起吃飯，以加深認識。John 是職場新人，首次單獨和客戶吃飯顯得有點緊張，生怕自己不懂餐桌禮儀，或者說話不周到，所以整頓飯基本上都是正襟危坐，對方說一句，自己附和一句，場面非常被動。第二次再跟這位客戶一起用晚餐前，John 特意向 Peter 請教了方法。Peter 告訴 John，陪客戶單獨吃飯，首先可以拋開往來業務不談，先借助餐桌將雙方的關係拉近。Peter 讓 John 跟客戶聊聊興趣愛好，聊聊對方的奮鬥史，表示一下敬佩，不要急着談項目。

John 按照 Peter 的指導，跟客戶以「年青人如何奮鬥」為話題展開了雜談，一頓飯下來賓主盡歡。

和客戶見面，雜談力絕對不可或缺！

Peter 哥，陪客户吃飯都可以聊些甚麼呀？

不要急着和客户談業務。先聊聊對方感興趣的話題，愛好呀，奮鬥史呀，並表達敬佩之情。

陪客戶吃飯時，怎樣才能更好地促進合作洽談呢？

· 與客戶吃飯時的雜談 ·

交談

尷　尷

日常 ✓

工作 ✗

❶覺得尷尬時，不妨找另一個有同樣感覺的人。

餐桌上的雜談非常重要，可以說，餐桌上談好了，工作洽談就會無往而不利；相反，餐桌上談不好，客戶對我們的印象也會減分。

1. 借助他人為自己「解圍」

如果在餐桌上並非你和客戶單獨相對，那麼就可以借助現場中的其他人，避免尷尬局面的發生。這種情況下，我們

要「慧眼識珠」，最好是尋找到和你一樣感覺到尷尬或者不知道說甚麼好的對象。一旦對方和你一樣感覺尷尬，那麼只要你開口跟他聊天，對方普遍會非常樂意。

2. 如果是和客戶單獨相對，可多聊日常話題

如果是陪客戶單獨吃飯，找到合適的話題以營造輕鬆的氛圍是最重要的了。首先，杜絕談工作。餐前餐後都會進行工作方面的洽談，如果在吃飯時也繼續談，很容易讓客戶產生厭煩的情緒。其次，我們可以和客戶談一些輕鬆的日常話題。最簡單的方法是從客戶的飲食偏好入手，比如問：「陳先生，聽說你喜歡吃辣，那你可以吃到譚仔米線的甚麼辣？」這樣的話題就非常適合作為進餐時雜談的開端。

在餐桌上面對客戶不要緊張，而應該把握這樣一個可以拉近彼此距離的機會，充分向客戶展示我們的交涉能力與見識，以便更好地開展以後的工作。

與客戶除了談工作，還能談甚麼

在聊天過程中，話題的發起者都期望得到別人的認同。如果想跟客戶的雜談開展得更加順暢，我們**不妨記住客戶在雜談過程中不經意提及的話題**。

Wing 隨林 Sir 見客戶，到達會議室剛坐下，Wing 就將項目資料遞給林 Sir，以為林 Sir 用得上。沒想到，開場半小時，林 Sir 和客戶壓根就沒談項目，而是聊家常。只見林 Sir 親切地問客戶：「上次聽說你在試用一個調節三高的食譜，你感覺怎麼樣？」客戶笑着說：「我吃了一陣子，感覺現在三高指數下降了不少。我就隨口一提，你還記着呀！」這次的項目談判就好像老朋友見面一樣融洽。結束後，Wing 忍不住問林 Sir，為甚麼不一開始就談項目呢？林 Sir 告訴他，在正式談判開始之前，可以尋找一些雜談話題進行暖場，有利於接下來的工作溝通。

和客戶見面，雜談力絕對不可或缺！

上次聽說你在試用一個調節三高的食譜，你感覺怎麼樣呀？。

我吃了一陣子，感覺不錯。我隨口一提，你還記着呀！

和客戶談工作的過程中，突然沒話聊了怎麼辦？

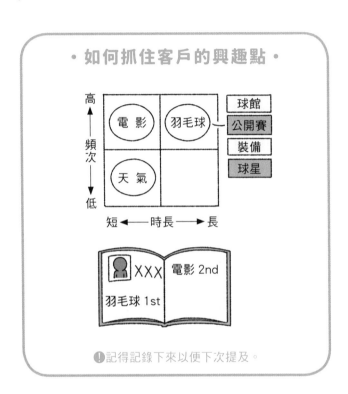

·如何抓住客戶的興趣點·

記得記錄下來以便下次提及。

跟客戶談工作，固然是我們工作上非常重要的一部分，但是客戶在非工作內容的雜談中，不經意甚至隨便提及的話題對我們拉近與客戶之間的距離非常有用。

1. 記住對方提及的話題並進行排序

想要在跟客戶見面時快速暖場，打開非工作性的話題，我

這個時候的解決辦法是將話題轉移至對方之前提到過的事情，即使是日常話題也沒有關係。這樣做既能讓客戶感覺到被重視，又能化解冷場的尷尬。

們首先要「舉重若輕」。看似在跟客戶雜談，實際上是在用心記住對方所提及的雜談內容，尤其是對方不由自主或者脫口而出，多次提及的話題。然後，再將這些話題根據對方提及的頻率和時長進行排序，就可以看出哪些話題是對方十分熟悉和喜愛的。

2. 再次提及這些話題前，記得想好發散方向

再次和客戶見面談業務的時候冷場，或者對話難以展開，最好的做法就是將話題轉移到對方之前提過的話題上。我們在見面之前就要想好話題可以如何延展。這種做法有助於提升對方對你的好感，能快速調動對方與你雜談的熱情，調節氣氛。

3. 談話結束後記得在簿上記錄下來

有時候接觸的客戶太多，我們容易忘記或者混淆對方的喜好。所以在每次談話結束之後，我們可以將對方喜愛的話題記錄在簿上，以便下次提及。

除了工作之外，與客戶談對方無意提及的話題，是非常好的選擇。一來能讓對方感覺被尊重，因為你記住了他「隨口一說」的話題；二來也能調動雜談的氣氛，讓雙方的關係更進一步。

教你**如何**
尋找對方的興趣點

抓到對方的興趣點，是進行一場良好雜談的關鍵。可是每個人的興趣都各不相同，因此，想要一語中的並不容易。最基礎的做法是根據不同的性別找準切入點。

1. 如果對方是男性

（1）比較常規的男性興趣點

不同的男性，喜好也會有所不同，但普遍來說，**電子產品、汽車、工作晉升等方面的話題是男性相對感興趣的。**如果對方是個年輕的男性，我們可以以智能產品，甚至最近時興的 Netflix（美國串流影音平台）劇集作為切入點，試探並尋找對方的興趣點。如果對方是個剛步入中年的男性，他們也許更關注事業上的發展，所以，我們要根據對方的反應，看看對方對於行業、事業發展的興趣具體在哪個點上。如果對方是公司的老總，那麼事業發展以及流行事物的話題也許都不適合，他們一般相對關心自己公司相關領域的訊息，所以，最佳的切入點可能是該行業最近的一些熱門訊息。總而言之，在把握常規興趣話題的前提下，我們可以根據對方的年齡層及地位，做出具體調整。

（2）男性不大喜歡談的話題

有適合作為切入點挖掘的常規話題，自然也會有不大適合在交談初期就提起的話題。與男性談話，比較不適合一開口就討論對方的收入以及工作職級。對於男性來說，年薪收入是非常敏感的話題，倘若談及收入，而對方收入並不高，那麼就會造成尷尬。所以，無論是跟甚麼年齡的男性交談，我們最好不要討論對方的收入及職級，以免踩中地雷。

2. 如果對方是女性

（1）比較常規的女性話題

當雜談的另一方是女性，我們同樣可以從女性常規的話題切入，尋找對方的興趣點。不過，女性較男性敏感，所以我們在尋求對方興趣點的時候，要更加細膩，處理得不留痕跡才好。因此，可以選擇**比較常規、輕鬆的點來切入**，比如對方的髮型、服飾、包包和鞋子等，這些都是女性比較注重的方面。但也有不喜歡這些話題的女性，所以要根據對方的反應進行調整。

(2) 女性不大喜歡的話題

說起女性不大喜歡的話題，排名第一的肯定是年齡，其次是容貌和私密話題。這些話題會涉嫌對他人的不尊重甚至可以說是侵犯。所以在和女性雜談的時候，即使是比較相熟的女性，也盡量避免談及對方的年齡以及私密話題，特別不要對對方的容貌品頭論足。即使是對方自己引出這個話題，我們在回應的時候也要注意分寸，不要把話說得太主觀，要顧及對方的感受。

總體來說，想要尋求對方的興趣點，關鍵在於針對不同性別的對方設定不同的切入點，再根據對方的反應來判斷其興趣所在。尤其要注意避開對方不太喜歡討論的話題。

[簡單實踐法]
教你如何尋找對方的興趣點

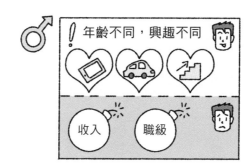

❶性別不同，愛好也會不同，我們在與對方雜談的時候，注意區別對待。當然，首先要了解清楚區別在哪兒，以及誤區有哪些，才能更好地抓住對方的興趣點。

日常生活中的
雜談力

雜談，是一項很重要的技能，很多時刻都能派上用場。除了在工作之中能運用雜談力解決問題，日常生活中也能用雜談力幫助我們提升與他人的關係。

忘了對方的名字

不記得正在跟你打招呼的人的名字，幾乎可以算是最尷尬場景排行榜中前幾名了。遇到這種情況應該怎麼辦呢？最好的做法是「硬着頭皮聊下去」。

Tony 的工作態度很好，但是個「臉盲症」患者，經常遇到同事跟自己打招呼，但自己卻叫不出對方的名字來。有一次他跟 John 一起等升降機，一個隔壁部門的前輩也來了，跟 Tony 打招呼說：「Tony 這麼早啊，最近的設計方案做得怎麼樣啦？」Tony 知道對方是前輩，但不知道怎麼稱呼好，於是只回了一句「還不錯」。同在升降機前的 John 則插了一句：「我們這些新人，還得前輩你多多教導呢。」有了 John 的幫腔，Tony 及時補了一句：「是的，前輩對於設計有些甚麼心得，教教我們吧。」接下去，話題打開了，前輩開始分享自己對時下流行的室內設計的想法，場面就不尷尬了。

- **忘記對方姓名時的雜談方式** -

經理

尷尬

消

工作　興趣

Hi!經理

❗忘記名字不要慌張，可以採用模糊的稱謂。

很多時候，當我們記不住對方名字的時候，可以採用模糊
掉對方姓名、僅關注對方背景的方法來應對。

1. 採用模糊的稱謂圓場

我們一旦發現自己想不起對方的姓名，就要立刻搜索自己
的記憶，尋找自己對對方背景的一些印象。如果對方明顯

這時需要我們搜尋記憶裏關於這個人背景的訊息，如果對方比我們年長、資歷深，可以稱呼對方為「前輩」；如果是平輩，則可以稱呼對方「buddy」、「兄弟」等。

比我們年長，資歷較深厚，那麼我們可以用「前輩」這尊稱。如果對方是同齡人，對於女性，我們可以用「dear」這種熱情的稱謂；對於男性，我們用「兄弟」、「buddy」等來代替名字，都是比較合適的。

2. 找準與對方對話的接入點

所謂的雜談接入點，其實就是就你對對方現有的了解來引發話題，進行對話，如果你知道對方所在的部門，你可以詢問他最近部門工作忙不忙；如果你知道對方正完成了一個項目，甚至是一個派對，你可以問他結果如何。總而言之，我們可以採用與對方有關聯的話題作為切入點，詢問他關於這個話題的後續發展，或者談對方感興趣的話題。

要記住，即使我們忘記了對方的姓名，還是可以繼續聊天的。恰當地將話題進行轉移，或者採用對應的稱謂，避開呼名喚姓地打招呼。

探望生病的朋友時
不知道說甚麼好

在雜談過程中，環境愈單一封閉，就愈考驗個人的雜談能力。比如到病房探病，就是一個很典型的較封閉的雜談環境。那麼，面對這種環境我們應該怎麼做呢？

Kelvin 和 Tony 一起去探望生病的同事。來到病房，Kelvin 就特別暖心地問道：「現在病情好點沒？怎麼就得腸胃炎了呢？不嚴重吧？」同事笑了笑說：「謝謝 Kelvin，醫生說問題不大。」這時候 Tony 泊好了車來到病房，對同事說：「趕緊好起來，等你出院我們帶你食烤肉、火鍋加放題！」

雖然兩人都是來探望生病的同事，但是 Kelvin 在探病的時候過於強調對方的病情，反而可能會讓對方感到無趣或者洩氣。相反，像 Tony 那樣，並未強調此時的病症，而是側重對以後美好的展現，更容易激發生病中的人對美好生活的積極嚮往。

學會雜談，生活過得更輕鬆！

看望生病的朋友時，應該怎樣問候對方？

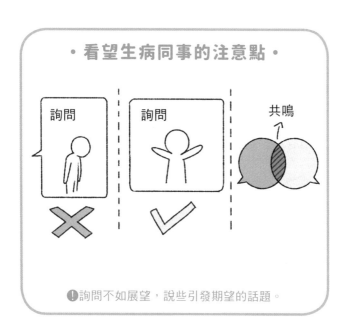

・看望生病同事的注意點・

詢問 ✕

詢問 ✓

共鳴

❗詢問不如展望，說些引發期望的話題。

在探病的時候，與其讓整個對話停留在對方的病情上，觸發對方的負面情感，還不如選擇積極的話題，帶病人走出被病痛和低落、消極情緒環繞的氛圍。

1. 探病時最好避免消極的話題

相信不少人都有經驗，生病的人本身心情就欠佳，尤其是要住院，內心的沉悶以及不安更加明顯。這時候，如果探病的人一味地追問，容易讓病人產生不好的情緒。談話

千萬不要直接問對方「你還胃痛嗎？」這種直接觸及病人症狀的問題，可以委婉地問病人「身體好些了嗎？」。

內容也不宜觸及病人最難受的症狀。與其問「你頭還痛嗎？」，不如籠統地問「你近來感覺好些了嗎？」。

2. 盡量採用鼓勵對方的積極話題

探病時的積極話題有很多，比如「趕緊痊癒出院，我們還得一起去吃好東西」之類的，將鼓勵對方加快治癒的話融入到話題中。或者向病人分享自己或者熟人治癒該病的經驗。還可以提一提，公司情況良好，以解除病人的後顧之憂。

3. 盡量引起對方的共鳴

還有一種常見的方式，就是引起對方的共鳴，撇開病情和現狀不談，直接討論對方感興趣的話題。這樣的做法最自然，而且最不容易冷場。簡單地說，就是除去開頭的一兩句寒暄之外，直奔主題，討論常規話題，不要圍繞病情和住院話題進行延伸。

跟內向的朋友
該怎麼聊天

雜談其實也很注重雙方的互動，如果跟你雜談的人特別健談、特別會聊天，那效果自然會比較好，但這不代表說面對不愛說話的人，我們就無計可施了。其實，即使是內向的「對手」，我們也能想辦法好好聊。

Peter 和 John、Tony 一起到台灣出差。途中，John 總是悶不吭聲，Tony 問一句，John 答一句。Tony 問：「我覺得台北挺好玩，你覺得呢？」John 回答：「嗯，是挺好玩的。」如此幾次，Peter 忍不住便問 John：「你覺得台北最吸引你的地方是哪裏？」John 想了想，便開始說了自己來到台北想要去走走看看的地方，而且他還對自己想去的地方都做了詳細的調查了解。聽得 Tony 目瞪口呆，沒想到 John 也有滔滔不絕的時候。Peter 告訴 Tony，**對於不愛說話的人，我們不能給他們選擇題，而應該給他們簡答題。**

與性格內向的朋友聊天,時常會遇到對方回答過於簡短的情況,是我們的提問方式不對嗎?

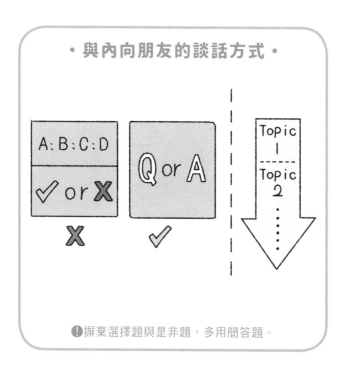

· 與內向朋友的談話方式 ·

A:B:C:D

✓ or ✗

✗

Q or A

✓

Topic
1
- - - -
Topic
2
......

❗摒棄選擇題與是非題,多用簡答題。

內向型的人,一般不喜歡過多地公開表述自己的個人想法,或基於不愛說話,索性隱藏自己的想法。針對這種人,我們要注意雜談的方式。

1. 不要給對方選擇題和判斷題,要給簡答題
我們可以從簡單輕鬆的話題切入,但要注意問問題的技

盡量避免使用選擇題，對方很有可能只會回答是或否，而是要多向對方提問，引導對方組織語言回答你的問題。

巧，盡量引導對方給出具體的答案而不是「是」或者「否」。比如，以「週末如何過」作為話題，我們不應該問對方「這個週末過得充實嗎」這樣的問題。因為對於這個問題，對方可以直接回一句「充實」就完事了。我們可以問對方「這個週末都參加了甚麼活動」這樣的問題，對方需要組織語言，給出詳細答案，能更好地引出接下來的後續雜談。

2. 話題不要斷，要不斷引出新話題

有時候跟內向型的朋友聊天，會給人一種「熱臉貼冷屁股」的感覺。千萬不能因為對方的回應簡單冷淡，就直接停止對話。在這種情況下，引出新話題最常用的方法，就是跟對方談一些具備普遍性的話題。比如上面提到的「週末去哪裏玩了」的話題，如果對方回答「去看了電影」，我們則可以接着問「電影是講述甚麼故事的？」之類具體的問題。要注意對接對方給出的回應，適時地根據新的訊息引發新的雜談話題。

跟性格內向的朋友雜談，考驗我們的應對能力，以及對話題的設置、延伸能力，因此，這也是一個我們訓練自己雜談能力的良好機會。

被表揚時
不知所措

工作和生活中被表揚，固然是一件好事，但現實中也有不少人會因為被表揚而不知所措。**過於謙虛容易讓人覺得偽善，而過於自負容易讓人覺得自大。**

在公司聚餐時，林 Sir 大力表揚 Kelvin 最近的方案做得不錯。Kelvin 一時間不知所措，只是連忙說：「沒有沒有，我只是幸運呢。」林 Sir 便只能說一句：「加油！」就沒話了。接着，林 Sir 讚揚 Peter 帶領新人帶得好，Peter 回答說：「組長你這麼說，我這個『老餅』以後就更自信了，我只擔心這些年青人嫌我要求太高。」Peter 此話一出，林 Sir 連忙對 Peter 帶新人的方式進行了全面的肯定，而一班新人也趕緊表示謝謝 Peter 的教導。可以說，Peter 的話連接了組長以及新人兩方，場面也立刻熱鬧起來了。

被表揚了，為甚麼過度謙虛會給人帶去不好的感覺？

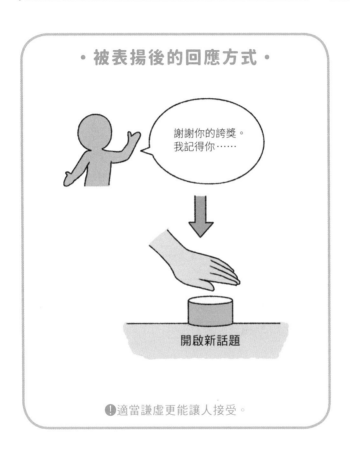

· 被表揚後的回應方式 ·

謝謝你的誇獎。
我記得你⋯⋯

開啟新話題

❗適當謙虛更能讓人接受。

寵辱不驚，方有大將之風。而實際對答的時候我們不能一味只是謙虛，要得體地回應對方，表示對對方的感謝，不能因為過於謙虛而「貶低」了自己。

因為你如果過度謙虛，會給人一種你並不領情的感覺，而且也會讓其他人質疑對方的讚美。

1. 需要表示感謝，但不能過於謙虛

當我們受表揚的時候，表示感謝是必須的。可是有的人除了感謝，還有洋洋灑灑的謙虛，不停地說「沒有沒有，我哪裏好啊，真的不行，我還得努力」諸如此類的話。謙虛固然是好的，可是如果一直重複，就有可能給對方負面的感覺。為甚麼呢？一來，對方公開對你表示讚賞，可是你一味謙虛不肯接受，很容易讓對方覺得你不領情；二來，當對方在公眾場合讚揚你的時候，**如果過於謙虛，一不小心就會讓在座的人質疑對方的看法。**

2. 最好在回應中融入話題，擴大雜談範圍

讚賞和被讚賞者之間的對話，經常是一種非正式的雜談狀態。因此，在我們表示感謝之後，還需要**在具體的回答中，承接對方對你的讚賞，融入和引出一定的話題，讓雙方繼續聊下去。**這樣會讓對方感覺到你是一個有想法、有能力的人，從而增強對你的好感。

總而言之，想要在被表揚的時候表現出色，除了必要的感謝，我們還需要注重承接讚揚的話題，擴大雜談範圍，切忌過於謙虛，給人一種「讚你比批評你還累」的感覺。

戀人雙方家長
會面該怎麼聊天

雙方家長第一次見面吃飯,不論是你或是你的戀人,想必都「如臨大敵」。即使你們的戀情打得火熱,可是雙方家長卻彼此不熟悉,未必能聊得來。這時候,最好的方法是利用有效的雜談,加深雙方關係。

Tony 和女朋友 Wendy 及雙方的父母正在餐廳吃飯,這也是他們第一次見面。剛見面大家也不知道說甚麼,氣氛很尷尬。幸好 Tony 機智,趁着侍應傳上了一道女方的家鄉菜,便說:「伯母請你嘗嘗這道菜,我爸媽知道這是你的家鄉菜,特意點的。」這時候,女方家長便開腔道謝,Tony 媽媽接着向 Tony 爸爸道:「老公,你不是一直很喜歡吃湖南菜嗎?趕緊趁着 Wendy 父母在這,你快點偷師,下次做給我們試試。」就這樣,Tony 為雙方父母打開了一個關於家鄉菜的話題,開始往下聊。

Tony 利用家鄉菜這個話題,促進了雙方父母的交流,是有效而且實用的做法。

有些甚麼樣的話題是雙方父母都能聊的呢？

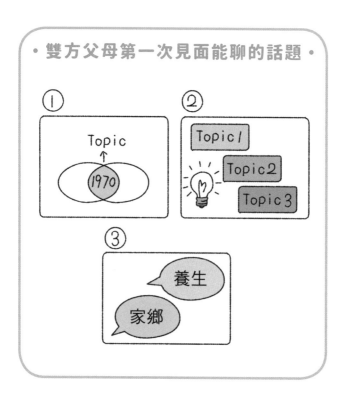

・雙方父母第一次見面能聊的話題・

① Topic
↑
1970

② Topic1
Topic2
Topic3

③ 養生
家鄉

想讓彼此不熟悉的雙方父母開始交流，我們最好找準雙方父母的共同點，從他們共同感興趣的話題切入。

1. 時代感強的話題
無論雙方父母在生活環境、工作背景等方面有多大的差

雙方父母第一次會面時可以聊聊他們那個時代的話題，比如生活環境、工作等。也可以聊聊養生或者身體健康之類的話題。

別，有一點是他們所共有的，那就是**雙方成長的年代背景**。如果雙方父母一直呆呆地坐着，不知道從何談起，我們不妨談談他們的成長年代。用「現在」跟「以前」的對比，喚起他們對「以前那個年代」的回憶，然後再引導他們就他們那個年代的人和事進行交流。

2. 提前跟戀人商量好話題

當然，你對對方的父母可能不熟悉，但對方對自己的父母很熟悉呀。所以，很好的辦法是在雙方父母見面前，**戀人之間先聊一聊雙方父母的喜好**。然後，通過戀人透露的訊息，可以找到對方父母跟自己父母的一些交集，進而找出話題來，讓雙方父母開始雜談。

3. 以家鄉特色、身體狀況等話題進行切入也非常有效

如果雙方父母生活在不同的城市或國家，那麼家鄉特色或者人文風貌是很不錯的交流切入點。除此之外，中老年人比較關注的身體健康問題或養生方法也是很好的話題。

如何應對喜歡
假謙虛的人

在工作生活中,遇到謙虛且勤奮好學的同事或朋友,自然是好事情。不過,大家可要注意了,並不是每個謙虛的人都是真謙虛。一旦遇到假謙虛的人,我們得讀懂對方的潛台詞,改變雜談的方式。

Peter 帶着 John 一起去見一個客戶,客戶說話特別「謙虛」,一見面就說:「哎呀,我們這種小公司、小項目,總是勞煩你們親自來,多不好意思啊。」Peter 回了一句:「王先生,看你說得多謙虛。」然後客戶又說:「我們這是小本生意呀,經營不易啊。」John 見狀,便開口說:「如果是這樣,我們可以專門為你設計一個費用稍微低一點的方案呢。」聽 John 這麼說,王先生倒是尷尬了,臉色一沉。Peter 趕緊開口說:「John 你看你,果然是太年輕了,王先生只是謙虛,誰敢把王先生的企業當小公司呀!」

John 不明白王先生其實是假謙虛,所以當真的把王先生看成弱小的一方時,王先生就不開心了。Peter 明白王先生是假謙虛,不用寬慰和體諒的態度與其對話,反而讓王先生覺得 Peter 說話很有分寸。

如果上級對你說：「現在的手機功能愈來愈複雜了，我真是跟不上節奏了。」你該怎麼回應？

· 遇到假謙虛的人時應對方式 ·

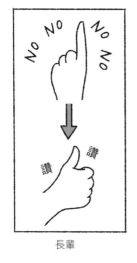

長輩

平等

同輩

❗遇到假謙虛的人要先否定後讚美。

生活中有不少人有假謙虛的習慣，總是自嘲、自貶，但我們一定要留神，他們那種自嘲自貶並非為了讓你寬慰他，反而是期望你去否定他的話，並讚美他。

1. 如果對方是客戶、長輩或者上司領導

如果假謙虛的對方處於優勢，你就需要花心思用話語去附

千萬不要以說教者的身份去告訴領導怎麼做，而應該強調薑還是老的辣，上級只是謙虛，明明很在行，比如照片拍得很好之類的。

和他。我們需要聽出對方的「話中有話」，及時對對方的話進行否定，並且往反方向去讚美對方。比如領導或者長輩用自己的弱項進行「謙虛」，說自己某些方面跟不上潮流，落伍了，這時候我們就要用這個話題來讚美對方，強調「薑還是老的辣」，對方在這一方面明明很在行。千萬別拿對方的自嘲當真，還說要教對方這方面的知識。

2. 如果對方是同輩，盡量用平等的態度對話

如果假謙虛的對方是你的同輩、朋友或者同事，遇到他們假謙虛，你要盡量用平等的態度去回應對方，不能輕易就對方的話語表示寬慰，更不能表達同情。比如朋友自嘲說自己薪水低，這時候我們要做的是表現出你的狀況還不如他，甚至可以吐槽一下自己工作生活上的心酸。千萬不要寬慰對方，鼓勵對方只要努力就會進步，這樣對方很容易會覺得你看不起他。

面對假謙虛的人，我們不要一味地順着對方的方向走，要以平等，甚至是讚美對方的態度，否定對方的「自我貶低」，讓對方感覺受到尊重，這樣才能有利於後續雜談的開展。

碰到想挖你私隱的人

基於人有好奇心，所以不時會有人打探你的私隱。面對這樣的人，倘若我們跟對方關係好，我們可能會「開誠佈公」，否則我們就可以**有技巧地將話題繞開**。

在不少人眼中，Kelvin 樣子忠厚，看來很容易套話，因此公司裏、生活中，總有人打探 Kelvin 的生活狀態，收入情況等。有一次在公司茶水間，就有同部門的幾個人聊起來：「Kelvin，聽說你最近業績不錯啊，獎金賺了不少吧？」Kelvin 聽後，臉紅了，不知道該怎麼回答。一方面他不想告訴別人自己的獎金是多少；另一方面，直截了當地拒絕回答，可能會讓幾位前輩不悅。Kelvin 只好支支吾吾地乾笑，而對方仍舊在追問。幸好這時候 Wing 來了，看到 Kelvin 尷尬的樣子就幫腔說：「派獎金了？漲了？真的嗎？大家都漲了嗎？」幾位前輩自然不想跟 Wing 分享自己的獎金數額，於是便客套幾句走開了。

Kelvin 之所以面對這樣的情況不知所措，是因為他不善於像 Wing 那樣，技巧性地將「球」踢回給對方。

如果有不熟的人問你「你交女朋友了嗎?」之類的私隱話題,該如何回答才能比較得體地迴避掉?

・如何應對想挖你私隱的人・

問題

問題

NO NO NO NO

❗不想回答就把問題打回去。

1. 將話題打回對方身上

面對這種情況,最有效的做法就是將問題打回給對方。首先,我們可以持**模棱兩可**的態度,如果對方問你「最近有沒有交女朋友啊?」,你可以採用「哈哈,你怎麼這樣關心我啊,每次都問這個問題」這樣的回答,既不否定又不肯定,而且不會因為太決絕而得罪對方。然後,我們還可

可以將我們的態度隱藏在回答之中，用反問句將問題打回去，比如「那你呢？」，如果直接回答「無可奉告」會太生硬直白哦。

以承接對方的話題，將話題反問回去，這樣就能夠將話題從我們身上轉移到對方身上，從而避免對方繼續挖自己的私隱。

2. 面對關係不熟絡的人，可以將你的態度隱藏在回答中

遇到關係平平的人想挖你私隱，除了將話題打回到對方身上之外，我們還可以將自己「不便告知」、「不想明說」的態度隱藏在回答中。比如，對方問你「交女朋友了沒」，你可以笑一笑回答，「那你呢？你交男（女）朋友了沒？」這樣做非常有效，不過我們也要注意語氣和態度，千萬不要太認真嚴肅而影響後續雜談效果。

如果雜談時，對方用問題打探你的私隱，而你並不想分享，那我們可以承接這個話題，將問題打回對方身上，還可以適當地將自己的態度隱藏在回答中，然後轉移話題。

！ 教你如何
寬慰傷心的人

在眾多雜談場景中，有一種雜談，做得好能對雙方關係加分，做得不好就適得其反的，那就是寬慰別人的雜談了。由於我們是在對方遇到問題的大前提下進行雜談，因此我們不僅要把握好話題的切入點以及引申範圍，還需要顧及對方的感受。

1. 感同身受

在我們與對方展開對話，得知對方正遇到困難的時候，我們首先要感同身受，表達出能體會到對方困境及心境的態度。你可以採用「如果我是你，一定做不到你這麼好」、「如果我是你，可能就沒現在這麼堅強了」之類的話來表現出你能站在對方的立場上考慮的態度。

2. 體恤對方

在表達出自己感同身受的態度之後，還要體恤對方，表達出明白對方的狀態並且關心對方現狀的態度。首先，要就對方的實際情況做出回應，不應太虛無地講述一些單純勵志的話，這會給人一種敷衍的感覺。比如對方講述自己的項目受阻，你可以就「項目受阻」的情況，回應對方：「項

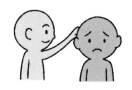

如何寬慰

目為甚麼受阻了？是不是客戶那邊有情況？」那麼，接下來，對方可能就項目受阻的原因跟你進行雜談，這樣能幫助對方講出心中的鬱結。

或者，詢問對方當時是如何處理的，並對此進行鼓勵。可以就對方剛才訴說的訊息進行詢問，表現出對對方現狀和後續發展的關心。我們還可以就自己曾經遇到過的類似情況，跟對方分享，說說自己當時遇到的問題。

3. 站在客觀的角度，給予對方意見

當然，在我們安慰對方的過程中，必要的落腳點除了鼓勵和寬慰，也可以是給對方建議。具有可操作性，可以幫助解決問題的意見，往往是能寬慰對方，讓對方心情好轉的良藥。

因此，我們可以站在客觀的角度，就對方遇到的問題進行分析，跟他分享你的意見。當然，在給出自己意見的過程中，我們要以恰當的方式將自己的意見融入對對方的關心之中。比如，你可以說「這樣真糟糕，我聽着都覺得鬱悶

圖解雜談力

CHAPTER 4

呢，你看我們能不能試試這樣做？你覺得有沒有效果？」這樣的話，既提了你的意見，又不會給對方一種你高高在上，他怎都搞不好你卻輕鬆想到解決辦法的感覺。

寬慰對方的雜談，我們既要考慮對方的實際情況，表達我們的感同身受以及體恤，也要適當地鼓勵和提出自己的意見和建議。同時也要兼顧對方的自尊心，不要過度安慰，讓對方覺得你在可憐他。

一起來看看有甚麼實踐方法！

[簡單實踐法]

教你如何寬慰傷心的對方

感同身受

體恤對方

客觀角度

❶寬慰是很重要的，如果對方心情不好，你能懂得安慰的話，對方愁苦的心情就可能煙消雲散！

CHAPTER **5**

你必須學習的
雜談工具

如果你有以下疑問：如何做出讓人印象深刻的自我介紹？如何與不善言辭的人聊天？本章能為你一一解答，讓你在短時間內掌握雜談必備的小技巧。

為雜談做必要的 文字準備

正所謂「不打沒準備的仗」，在生活工作中，不少人會就匯報材料反覆斟酌，就演講稿進行反覆修改，卻很少有人會為雜談專門做準備。

在公司的月度分享會上，John 發現 Tony 總是疾書寫個不停，而輪到 Tony 發言的時候，他就像能抓準每個人的心理喜好一樣，這一個話題令某個同事非常雀躍，另一個話題又讓某同事特別有共鳴。John 忍不住問 Tony 到底是怎麼做到的。Tony 告訴他，隨身帶一個小本子，記下某些人特別喜歡的話題，或者記下別人談話的重點，豐富自己對別人的了解，掌握更多大家感興趣的話題，就能更好地和別人聊天。

Tony 的做法是提升雜談力的良好途徑。由於雜談涉及我們的應變能力，也涉及我們對談話方的了解程度，因此，愈是善於記錄對方的興趣點，就愈能有針對性地提出雜談話題，從而讓雜談更加順暢。

雜談也是一門技巧呢！

雜談的話題一般都是比較隨意的，我們該如何將這些話題進行分類呢？

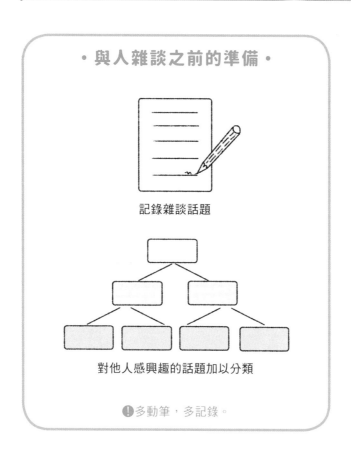

· 與人雜談之前的準備 ·

記錄雜談話題

對他人感興趣的話題加以分類

❗多動筆，多記錄。

不少人覺得雜談就是隨便談，毋須準備甚麼。其實，積累有針對性的話題，對在雜談過程中豐富雜談內容很有幫助。

話題大概分成兩類：一類是與工作相關的話題，例如工作心得、公司活動等；另一類是與生活相關的話題，可以根據與雜談對象的親密度選擇話題範圍。

1. 注重日常積累，避免準備不足

「不積跬步，無以至千里」，如果我們想更好地迎合對方的話題，或者提出對方感興趣的話題，記住：**多記錄別人的談話要點及各自提出過的雜談話題**，能提升雜談的質量。

2. 對記錄下的雜談進行分類

在每天與他人的雜談過程中，我們能搜集到非常多樣化的雜談話題，如果要全部去了解則需要花費大量的時間和精力，那麼應該怎麼處理呢？我們可以把雜談的對象分為兩類，一類是工作關係，那麼話題可以圍繞工作心得、公司近期的活動等；另一類是朋友關係，可以根據關係的親密程度，擴大雜談的話題範圍。

那麼，在面對關係比較疏遠的朋友或者不願意聊工作的同事，我們則可以準備一些生活類的話題，比如最近的宮廷劇集、新款手機的推出等。雖然這一類話題並非和職場工作直接掛鉤，但卻是很棒的話題，也能給人一種你關注生活、涉獵面廣的良好印象。

大家不必想當然地以為自己的雜談力和個人的技巧水平有關，其實很多雜談之所以不暢快，只是雙方或自己準備不足所致。因此，如果我們做好準備，雜談就能更加順利。

如何做一個讓人印象深刻的自我介紹

在相識初期,想要讓對方快速記住自己,就要講求自我宣傳。將自己和可以給人留下印象的實物聯繫起來,是很不錯的辦法。

Wing 和 John 合作跟進一個項目,正好二人要一起到財務部開會。在初次合作的時候,John 和 Wing 分別自我介紹。John 平實地介紹了自己的名字和職位,而 Wing 的介紹則比較生動。她說:「大家好,我叫 Wing,Chicken Wing 的 Wing!特別喜歡吃雞翼,大家要是有雞翼的話,可別忘了我哦。」幾天之後,John 和 Wing 再次去財務部洽談剩下的事宜,見面的時候,John 卻發現對方不記得自己的名字,但是大家對 Wing 的印象卻非常深刻。

將自己和一種常見或者耳熟能詳的實物聯繫起來,特別能加深對方對自己的印象。

雜談也是一門技巧呢！

工具箱

大家好，我叫 Tony。

我叫 Wing，Chicken Wing 的 Wing！我特別喜歡吃雞翼。

如何用聯想法介紹「小新」這個名字呢？

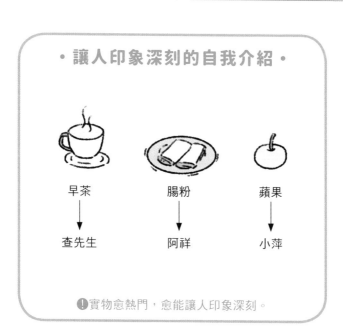

・讓人印象深刻的自我介紹・

早茶 → 查先生

腸粉 → 阿祥

蘋果 → 小萍

❗實物愈熱門，愈能讓人印象深刻。

我們想讓自己給對方留下深刻印象，就要講求有技巧的自我宣傳方法。

1. 解釋名字

在各種自我介紹的方法中，有特色地介紹自己的名字，更便於別人記憶。在解釋自己名字的時候，你可以說名字來源於父母的期望、歷史典故或者某一特別的故事等，用這

看到小新兩個字的第一反應是甚麼，就根據這個來介紹吧，比如我會聯想到蠟筆小新，是不是很有記憶點呀。

種發散思維的方式將自己的名字與一些事物聯繫起來，能讓別人迅速記住你。

2. 與實物相結合

採用聯想的方法將名字與實物相結合，能讓別人產生記憶點。首先，將自己的名字寫在一張紙上，從諧音的角度找出關鍵詞。然後根據關鍵詞找出接近的實物，如果是自己喜愛的就更加好介紹了。最後只需組織語言將其串聯起來，多練習就可以啦。

3. 定位自身形象

我們還可以對自身做一個形象定位。首先根據自己的實際情況設定一個標籤。標籤不能太寬泛，比如：我喜歡打羽毛球。這樣的介紹太寬泛，如果變成：「我擅長打羽毛球，有關裝備選擇或者其他的問題都可以問我哦！」在自我介紹中，用具體的事件對之前我們給自己定位的標籤進行強有力的強調，讓這個標籤變成我們個人密不可分的一部分。

讓不擅言辭的人
開口雜談

雜談對於不擅言辭的人來說是一種考驗。他們內心往往有很多想說的話，卻可不知如何表達出來。因此，當我們與這一類人雜談時，要更加側重引導對方開口和表達意見。

Kelvin是一個不擅言辭但做事非常勤奮的人。Tony有一次在茶水間碰見Kelvin，便問Kelvin：「Kelvin，最近工作如何？忙不忙？」Kelvin回答說：「還行。」Kelvin的回答讓Tony接不上話。這時，Wing來了，問Kelvin：「Kelvin，最近在忙甚麼呢？」Kelvin回答說：「在忙一個社區的園林設計。」Wing繼續問：「社區裏的園林呀，那是甚麼主題的呀，你應該有很多很好的點子吧。」沒想到Wing這一問，Kelvin就好像打開了話匣子，把自己的觀點、想法、計劃都說了出來。

Tony和Wing都想讓Kelvin多說幾句，但是Tony和Wing的區別在於，Tony的問題過於寬泛，對於不善言辭的Kelvin來說，巨細無遺地回答並不容易。而Wing的問題帶有誘導性，十分具體，Kelvin只要一個接一個地回答就可以了。

如果你的工作夥伴是一個不太擅於言辭的人,你該如何就工作上的問題和他交流呢?

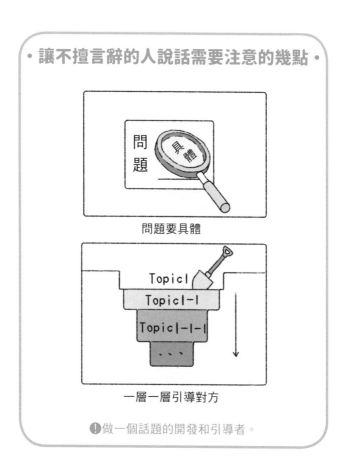

· 讓不擅言辭的人說話需要注意的幾點 ·

問題要具體

一層一層引導對方

❗做一個話題的開發和引導者。

對於不擅言辭的人,我們想要他們開口說話,最好的辦法是給一個範圍小、非常具體的話題。

與之交流的時候問具體的問題比較好，盡量不要問是非題，這樣能更好地打開對方的話匣子，然後再一層一層地引導對方給出你想要的訊息。

1. 相對具體的問題比較好

具體的問題會比有較大發揮空間的問題來得有效。比如想問對方平時週末的消遣。如果問：「週末一般怎麼過？」這是一個範圍非常廣的問題。相反，如果我們問「週末喜歡做運動嗎？」，很明顯，後面的問題範圍小了很多，被問的人需要回答出一個具體的活動或者運動來。這樣就可以讓我們更好地知道對方的訊息，從而引導對方和我們一起展開接下去的話題。

2. 要一層一層地往下問，引導對方說話

當然，在得到第一層的初步訊息之後，我們必須要一層一層地往下深挖，才能借助雜談，增進雙方之間的關係。可以是由大到小的範圍，比如：「你喜歡閱讀還是運動？」、「你喜歡甚麼運動？」、「足球的話，你喜歡踢前鋒還是後衛？」還可以是由中心點往外輻射的方式，比如：「聽說你喜歡看某某小說，對嗎？」、「這部書是董啟章寫的，他寫的另外一本小說你看過嗎？」、「他擅長魔幻小說，你都愛看嗎？」

想要引導不擅言辭的人表達觀點，我們要事前定好雜談話題的方式。簡單地說，就是以「一問一答」的形式開展，然後再根據對方的回答一層層問下去，引導對方說出更多的意見、想法或話題。

融入話題的
雜談方法

想要利用雜談增進雙方關係，參與眾人的閒聊算是第一步。不過，雜談雖然無強烈的目的性，但想要插話也要找準時機，否則容易帶給對方負面印象，影響雜談質量。

結束了一上午的工作，同事們午飯後聚在一起閒聊，剛從餐廳回來的 Kelvin 和 Wing 走過去想要加入大家的談話。Kelvin 一過去就試圖直接插入對話，可是由於沒有聽到之前的對話，Kelvin 說的內容並不合適，引起了同事們的輕微反感。而 Wing 打了個招呼就靜靜地在旁邊聽着，偶爾順着其他人的話配合地說幾句，反倒很快地融入了話題，還用言語巧妙地化解了因為 Kelvin 引起的尷尬。

Kelvin 在未了解清楚之前急於融入話題，弄巧反拙。相反，Wing 先以聆聽作為基礎，了解交流者的談話內容，再適當地以配合當前主流話題的方式切入到交談之中，顯得更自然。

雜談也是一門技巧呢！

我們在融入別人的談話之前需要做些甚麼呢？

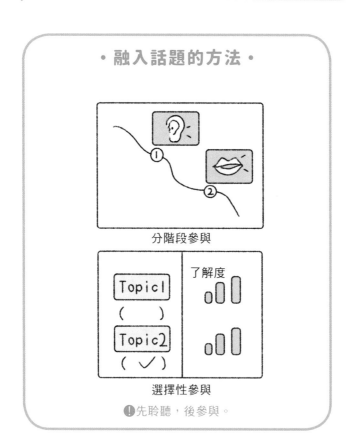

・融入話題的方法・

分階段參與

了解度

Topic1
（　　）

Topic2
（　✓　）

選擇性參與

❶先聆聽，後參與。

想要更好、更自然地融入正在進行的雜談，參與話題討論絕對不能直接插話、搭訕。最好的方式是選擇適合我們的雜談話題，先觀察、後參與，尋找最佳切入點。

不要急着插話，我們應該先以聆聽為主，了解清楚別人雜談的話題，並觀察他們的反應，讓我們對話題方向有更好的把握。

1. 分階段地參與話題討論

當我們遇到別人正在就某個話題進行雜談時，不必急於即時插話，參與話題討論，而應該**分階段地參與**。首先，聆聽參與者的討論內容，並觀察他們的反應。這個階段的目的在於：首先，在參與話題之前，了解當前的對話內容及主題，讓我們對話題方向有更好的把握；其次，你可以重複其中一人所說的內容或者用提問的方式進行雜談話題確認；最後，可以對聊天過程中的某些觀點、論點等提出疑問、贊同、反對，真正地參與這次雜談，但是要注意提出疑問和反對觀點時的態度。

2. 選擇性地參與話題討論

積極參與雜談，確實能有更多機會在實踐中提升自己的雜談能力，但並不代表每一個雜談我們都要參加。因為一來，並非每一個話題我們都擅長，如果遇到不擅長的話題，而我們強行參與雜談，很可能會說錯話，給人留下負面印象；二來，雜談參與者也是我們的重要考慮因素，如果對方和我們並不熟絡，而對方成員之間比較熟絡，那麼我們的貿然加入很可能會讓對方產生被打擾的感覺。因此，對於這種情況，我們可以先打招呼，然後再根據對方的態度決定要不要加入雜談。

通過雜談了解
他人的價值觀

對於雜談參與者來說，雙方的價值觀是否一致或相近，是雙方是否能順利聊下去的重要基礎。因此，在雜談時，我們一定要學會挖掘對方的價值觀，順應對方去展開話題，才能更有效地進行雜談。

有一次 Wing 和 Tony 一起去見客戶，客戶跟他們閒聊自己的家事，說外籍傭人在她放假期間帶孩子學騎單車，小孩差點受傷，幸好她拼命保護。Wing 聽後不禁感歎：「嘩，這可是個好工人姐姐啊。」客戶聽後，不予評論。Tony 補充說：「她是用心，不過估計還得加強法律意識方面的教育。」聽到這裏，客戶笑了，跟 Tony 聊了起來。

想跟別人聊好天，首先要通過對方的話題、語氣以及微表情了解他的價值觀。細心聆聽就會發現，客戶並不贊同外籍傭人在放假期間私下帶客戶的孩子出去玩，因為外籍傭人放假期間對孩子並無法律責任，出了意外便不受保險保障了。

雜談也是一門技巧呢！

工具箱

我們家工人姐姐在她放假的時候帶我孩子騎車，孩子差點摔下來，幸好最後沒事。

嘩，這可是個好工人姐姐啊。

她原意挺好的，就是法律意識差了點。

為甚麼有的時候關於同一個話題，有些人能聊下去，而有些人卻不能呢？

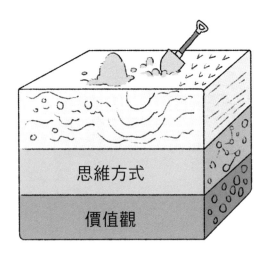

・挖掘對方價值觀的方式・

思維方式

價值觀

❗對話題的態度能顯示一個人的價值觀。

價值觀決定了一個人的雜談話題和方向，所以，我們需要通過談話了解對方的價值觀，這樣才能有利於雜談的延伸。

1. 學會聆聽，挖掘對方的價值觀

價值觀是一種與我們日常談吐、行為融為一體的思維方式

所謂相談甚歡，那是因為聊下去的雙方關於這件事的價值觀是一致的，看法相同，所以聊得既開心又順暢。

和觀念，因此只要我們用心聆聽，細心觀察一個人的表情、神態以及他對某個話題所持的態度，我們就能了解和挖掘對方的價值觀。比如，生活中很尋常的交通意外，如果一方堅持要報警，而另一方堅持可以私了，那麼我們就可以看出前者的價值觀更傾向於照章辦事，而後者更傾向於道德約束。因此，在雜談中，我們要留意對方對某一件事情的取捨和態度。

2. 學會記住不同人的價值觀和思維方式

「順水推舟」很多時候是最有效拉近雙方關係的方式。因此，要了解並記住對方的價值觀以及思維方式。然後，當我們與對方對話的時候，就要適當地順應對方的價值觀引出話題，這樣起碼能將對方對話題的興趣度提升至最高點。其次，要順着對方的思維方式進行話題展開。這個展開包括兩個層面，一個是我們的回答要對題，另一個是話題擴展最好遷就對方的價值觀，這樣更能讓雜談取得好的效果。

想要挖掘對方的價值觀，我們首先要抱持好奇心，通過觀察和聆聽，挖掘對方的思維方式，然後再記住不同人的價值觀，以便在後續雜談中更好地迎合對方的興趣點，開展對話。

引導對方說出
內心真實的想法

雜談中討論某一話題時，因為雙方觀點不一致，有些人會明確表達自己的想法，而有些人則會將自己的想法隱藏。遇到這種情況，**我們就要採用提問的方式讓對方表達出自己的想法。**

Kelvin 接待一個上門客戶，按照平常那樣向客戶介紹了各種室內設計的案例，可是客戶一直不出聲，始終保持着不置可否的態度。Peter 見狀，便上前問道：「想必，先生你有心儀的設計風格，能否跟我們分享一下你的審美心得呢？」Peter 的話既有詢問，又帶有讚美，於是客戶開口講述了自己對室內設計的想法。接着 Peter 繼續問，客戶又就 Peter 的問題展開自己的想法。就這樣一來一回，Peter 雖然沒有明確地讓客戶說出自己想要的具體風格，卻在多個問題中探出了客戶的喜好。

案例中，Kelvin 之所以對客戶毫無辦法，是因為 Kelvin 給定的範圍過於主觀和具體，一旦客戶不認可，雙方就難以繼續談論。相反，Peter 給出的是**開放性題目**，讓客戶暢所欲言，可以直接從對方的回答獲悉對方的喜好。

工具箱

雜談也是一門技巧呢！

在討論項目方案時,遇到有人不發表自己的意見時怎麼辦?

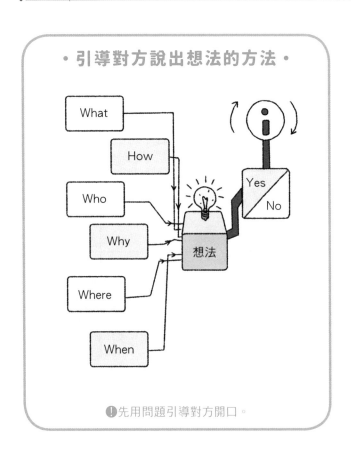

・引導對方說出想法的方法・

What
How
Who
Why
Where
When

想法

Yes
No

❶先用問題引導對方開口。

1. 以開放式話題「助攻」

當對方不說話,我們就要觀察對方的態度,先分辨出對方是不想說,還是不知道怎麼說。倘若對方不想說,那麼我

面對這種情況，我們可以運用「開放式提問」與「封閉式提問」相結合的方式誘導對方開口然後說出想法。

們就要將直接討論的方式，改為迂迴切入，以**各種開放式話題為助攻，誘導對方說出自己的想法**。改封閉式問題為開放式問題，後者更傾向於為對方坦露想法提供空間。尤其在對方對你的看法不置可否的時候，我們更應該思考對方是否不認同我們的想法。這時候，多問開放式問題更能促使雜談有效展開。

2. 融入封閉式話題為「主攻」

當然，過多的開放式話題，容易造成訊息膨脹。我們期望得知對方的確切想法，那麼就需要**在眾多開放式話題中加入一兩個封閉式的選擇或判斷題**，請對方回答。一般來說，開放式話題和封閉式話題的比例可以是５：１，也就是在對方不說話的前提下，我們可以先引出五個開放式的話題，然後再融入一兩個封閉式的話題，幫助我們進一步明確對方的想法和意見。

想要知道對方內心真實的想法，我們需要巧妙地運用話題的切入和轉換技巧，盡量先陳列開放式話題，誘導對方開口，然後再融入一兩個封閉式問題，方便我們從對方的回答中獲得想要了解的訊息。

教你如何掌握雜談節奏

如果我們在雜談中感到力不從心，很可能是因為我們跟不上雜談的節奏。這種節奏有兩種，一是大家切換話題的速度，二是大家思路走向的變化速度。所以，想要雜談得力，學會適當地掌握雜談的節奏非常重要。

1. 給自己一段熱身時間

無論我們是中途加入雜談，還是從一開始就參與了雜談，都需要給自己一段熱身時間，不要急於表述自己的觀點，或者表現出太強的話題牽引性。最好先聆聽和觀察，先了解對方的談吐節奏和對方的想法，然後再謀定而後動，跟上對方的節奏。

2. 了解話題切換的速度

每個人的雜談方式都不一樣，有的人喜歡就一個問題講通講透，有的人則喜歡海闊天空甚麼都講，不求深究。看起來好像很難捉摸，但其實只要我們用心觀察，就能分辨出不同人的不同雜談習慣，從而適應他們話題切換的速度。

(1) 追求訊息深度的人，話題切換速度相對較慢

有一類型的人喜歡追求訊息的深度，他們不喜歡在一個對象相對固定的雜談中不停了無邊際地切換話題。通常，喜

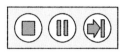

歡就一個話題談得更加深入的人，他們往往對該問題表現
出較大的興趣和求知欲，他們會較多提問。比如，你對某
人提及「你知道嗎？最近人事部經理要換人了」，如果對
方的回答是類似「是嗎？換人啦？換了誰？我之前好像就
有聽人事部的人提到過」這樣，我們能明顯感受到對方在
追問進一步的訊息。因此，雙方可能就「人事部經理換人」
這個話題談得更加深入。

(2) 追求訊息廣度的人，話題切換速度相對較快

還有一種人是比較追求訊息廣度的，他們在雜談中更追求
「短平快」，表現出比較強的思維發散能力。還是拿「人事
部經理換人」這個例子來說明。一個追求訊息廣度的人聽
到這個消息之後，更有可能的回答是：「是嗎？換人啦？我
聽說現在很多部門管理層都有可能換人 ……」。我們在雜
談中要注意一個人對訊息補充的量。一般來說，追求訊息
廣度的人，同時也是雜談中很主要的訊息提供者。所以，
當我們發現對方不停地發散思維，補充各種相關訊息的時
候，就要適應他並快速承接話題，加快話題轉換的速度。
這時候，我們的思路應該更注重零散訊息的提供，而非深
究訊息本身。這樣，就能很好地跟上對方的節奏。

3. 探索對方轉變思路的方式

雜談節奏的背後是話題切換的節奏,而話題切換的節奏,則體現了一個人的思路轉變方式和速度。決定一個人思路轉換的內因是一個人的價值觀和思維模式。因此,正如前文我們曾經提及的一樣,想要更快地跟上對方的節奏和思路轉變方式,我們就需要深挖對方的價值觀及為人處世的立場。雖然這並不容易,但是非常有效。

整體來說,掌握雜談節奏也是一個需要日積月累的過程,我們不能追求一蹴而就,要多花時間去熱身。

一起來看看有甚麼實踐方法！

[簡單實踐法]

教 你 如 何 掌 握 雜 談 節 奏

熱身階段	想法：		
	節奏：2分鐘／話題		
話題切換	話 題 1	⤵ 切換	
	話 題 2		
	話 題 2	⤵ 切換	
	話 題 3		
	話 題 3	⤵ 切換	
	話 題 4		
思路轉變系統	思路 ① ＿＿＿ ↓ ② ＿＿＿ ↓ ③ ＿＿＿	Keyword	

❗與人雜談需要我們跟得上別人的思維轉換節奏，
也就是雜談的節奏。有的人趨向廣，而有的人趨
向深，需要我們自己去琢磨。

聽 聽 雜 談 達 人
怎麼說

很多時候與人雜談是很講究技巧的，技巧用得好能幫助我們更有效地與人交往。不用羨慕那些會說話的人，本章將為大家帶來更多好的方法，分享說話達人們是如何靈活利用雜談的。

讓對方心情變好的
簡單方法

雜談作為一種與人交流的談話方式，雙方各自的雜談技巧以及話題固然重要，但我們不能忽略一個非常重要的主觀因素，那就是對方的心境。當對方情緒低落的時候，我們可以選擇合適的雜談話題，讓對方心情變好。

John 因為全年工作考核成績不理想而鬱鬱寡歡，這時候 Wing 關心地說：「沒關係的，John，你下一季度繼續努力就行，你想到甚麼應對方法了嗎？」John 聽了，沒說甚麼，只是歎了口氣。旁邊的 Peter 安慰 John 說：「最近有沒有打算去旅行？聽人家說去一趟西藏，真的可以與世隔絕一下，我很想試試。」John 是喜好旅遊的人，便和 Peter 洋洋灑灑地聊了下去。

Peter 告訴 Wing，想要緩解對方心裏的不舒服，最好是讓話題脫離他的煩惱本身，選擇讓他放鬆又感興趣的小問題，將對方的思緒從他煩惱的事情中牽引出來。

如果對方心情不好，除了安慰之外，還有哪些話題是能夠讓人覺得輕鬆、愉快的呢？

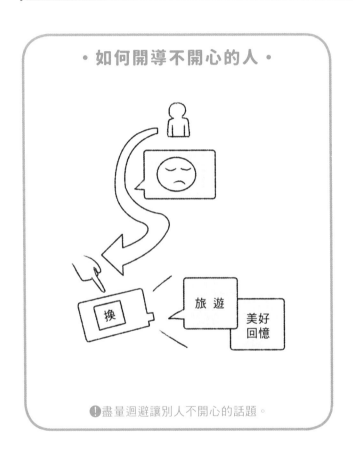

・如何開導不開心的人・

換　　旅遊　　美好回憶

❗盡量迴避讓別人不開心的話題。

在雜談過程中，如果對方因為某個話題的內容而感到心情不佳時，我們最好的辦法是避開這個話題，將對話內容轉移至一個新話題上。

一般來說,「旅行」是一個不錯的話題,無論是談論想去哪裏還是談論去過哪裏都可以。另外,「回憶」也能讓人感到愉悅,聊聊美好的學生時代,能調節煩悶的心情。

1. 避開或轉移讓對方心情不好的話題

面對心情不好的人,我們是應該以事論事地安慰對方,還是繞過讓對方難受的話題,直接切換到一個新話題?這需要我們隨機應變,但大部分情況下,**避開這個讓對方不開心的話題是相對保險的辦法**。因為安慰對方也要講求方法,一來,如果我們對這個問題沒有充分的了解,胡亂給意見容易給對方一種「雪上加霜」的感覺;二來,如果我們對這個問題有充分的認識,有自己的意見,並且希望和對方探求出一個解決方案來,也容易增加對方的心理負擔。所以說,一旦對方心情不好,最保險的方法是先避開這個讓他心情低落的話題,先讓對方的心情好起來。

2. 換一個能讓對方感到放鬆的話題

當對方心情不好的時候,我們可以適當地切換話題,將話題轉移到讓人心情愉悅或者身心放鬆的話題上來,比如「旅行」、「對大學生活的回憶」等。因為,這些話題脫離了此時此刻對方的生活,能牽引對方走出現在的心境,**回顧過去或者展望即將發生的事情,從而讓心情變好**。

想要讓對方心情快速地變好,我們可以做好話題的規避和轉移,避開讓對方情緒不佳的話題,將雜談話題轉移到較為輕鬆的層面上,從而幫助對方跳出原本低落的心情。

給人留下深刻印象的告別話語

拉近雙方關係，是雜談的主要作用之一。但是，除了關注雜談過程中的雙方互通和交流，雜談結束時的「表現」也是非常重要的環節。**結束時的告別話語說得好，可以讓人印象深刻，相反，則容易讓人淡忘。**

Tony 和 Wing 在茶水間遇到 Peter，於是便開始聊起週末參與講座的事情，Peter 耐心地分享了自己的意見。隨後 Peter 準備離開，Tony 禮貌地跟 Peter 說：「再見前輩。」Wing 則謙恭地點頭道謝，說道：「真是謝謝前輩的分享，希望下次前輩遇到覺得不錯的講座或工作坊，也能告訴我一聲，或者帶上我，讓我開開眼界。」Peter 聽後笑了笑說：「好的 Wing，下次有好講座，一定跟你分享。」後來，Peter 果真邀請了 Tony 和 Wing 一同出席一個設計講座。

對於 Peter 的介紹，大家都是隨口閒聊，Tony 這麼簡單的告別並無過錯。可是，Wing 的做法卻更值得稱道，很容易讓人以後能想起她。因為她不僅道謝，還開口讓對方「以後遇上好的講座，告訴我一聲」，這是一種為以後的交集留下鋪墊的良好樣本。

想與客戶建立良好的合作關係，交涉過程很重要，結束談話時的告別也不能忽視哦。那麼怎樣告別才能給人良好的印象呢？

· 讓人印象深刻的告別 ·

❗感謝之後為下次見面做好鋪墊。

那麼告別時，如何能讓人印象深刻呢？有兩點需要我們多加注意。

1. 告別時表達對對方的感謝

如果整個雜談進展良好，那麼我們可以感謝對方的訊息分

要記得表達你的感謝,感謝對方抽出時間與你交談,和你分享訊息。然後可以為下一次見面或者合作做好鋪墊,一句簡單的「和你合作愉很快,期待下一次的見面」能禮貌地表達期望。

享,在告別時跟對方說:「感謝你的分享,能和你聊天真的很高興。」如果在雜談中涉及某些觀點的碰撞,我們可以在告別時跟對方說:「謝謝你,和你交流讓我有機會接觸到不同的觀點,獲益良多。」總之,**想要讓對方對自己印象良好,就得以禮待人**,在告別時多說好話,表示感激總是沒錯的。

2. 適當地為下次見面合作做好鋪墊

雜談能夠幫助對話雙方加深了解,增進關係,但這種關係不會在一次雜談中一蹴而就,而是在**不斷的接觸和聯繫中加以維繫和鞏固**的。所以,在我們即將和對方告別,打算結束這一次雜談的時候,就應該為下次再見面和合作做好鋪墊。比如跟對方這樣告別:「和你聊天真高興,下星期我還會來這邊開會呢,希望到時有機會再跟你見面。」

當我們在與對方告別的時候,首先不要吝嗇自己的感謝,多向對方表達你的尊重,而後要針對不同的談話對象採用不同的告別內容,為下次見面交談留下鋪墊。

在雜談中讓對方感到被尊重

不管是談生活還是談工作，不管是對朋友還是對同事，**我們在跟對方雜談交流的時候，都需要注重對方的感受。因為大多數的人都希望自己得到重視，在雜談當中愈是給予對方備受重視的感覺，對方愈會有興趣跟你聊下去。**

Kelvin 知道 Peter 願意教導新人，於是便拉着 Wing 一起去找 Peter 討教。Kelvin 問 Peter：「Peter 哥，你能不能教教我如何跟客戶打交道啊？」Peter 沒直接回答，只是說：「如何打交道這事，都是熟能生巧，多接觸了就會懂的。」聽到 Peter 的回答，Wing 不甘心，沒等 Kelvin 回答，便搶先問：「哪有，誰不知道 Peter 哥你是我們公司的談判專家呀，總有一些『秘笈』是可以傳授的吧？」聽了 Wing 讚美的話，Peter 不由得拿出了一些「秘技」來教育這兩個後輩。

Wing 的做法，看起來是給對方戴高帽，其實也是在給予對方重視，讓對方感覺受到尊敬。這一點很重要，因為大家對於重視自己的人，總是更願意幫忙或者與之交流。

說話達人的超強雜談技巧！

被尊重能讓人感覺良好，在雜談過程中
如何表達自己很尊重對方呢？

・讓對方感到被尊重的要點・

❗適時的讚美和認同很重要！

我們每一個人在內心裏都渴望得到別人的尊重和認可。因此我們可以更加注重言辭，在對話時要充分體現我們對對方的認可和推崇。這些認可和推崇能夠滿足對方被認可的需要，激發對方滿足我們請教的熱情。

我們可以通過讚美別人來滿足對方希望被認可的情感需求，同時也是一種尊重別人的表現。另一種方式就是直接向別人求教，認可對方也就是尊重對方。

1. 適時的讚美和認可非常重要

在我們眾多的情感需求中，被認可是一種比較強烈的情感需求。**我們可以通過適時的讚美和認可來滿足對方的這種主觀願望，讓對方感覺到自己的重要性。**這種做法在日常生活中比較常見，效果也相對明顯。比如當同事給我們送來一份報表的時候，我們說一句：「太好了，你整理的報表可是我現在最重要的參考啊。」這樣簡單的一句，不僅能滿足對方的自我重要感，還能拉近彼此的距離。

2. 多徵詢對方的意見甚至是求教

比讚美和認可更加奏效的另一種方法，是將對對方的認可訴諸行動，直接向對方求教、求助或徵詢意見。因為直接的求教、求助行為能讓對方感受到自己確實能解決別人的問題，從而體會到自己的重要性。所以交流的時候，**我們要多聆聽和徵詢對方的意見，多向對方討教，以表達我們需要對方的態度。**

因此，在工作生活中，我們可以多讚美對方、多向對方求教，讓雜談更加順利，更好地增進雙方關係。

快速地消除
心理隔閡

在職場中，如果我們因為各種主觀或客觀的因素彼此出現了心理隔閡，我們可以選擇採用合適的雜談來消除。

Kelvin 和 Wing 最近由於項目合作時有所誤解，心生嫌隙。Wing 多次直接詢問 Kelvin 為甚麼生自己的氣，Kelvin 卻總是含糊以對不肯直言。林 Sir 知道後，告訴 Wing 希望他們消除心理隔閡，只是直截了當地問恐怕不合適，林 Sir 建議可以試試有技巧的雜談。於是 Wing 就借某個項目合作的問題徵詢 Kelvin 的意見，Kelvin 回答說：「Wing，你溝通能力強，這事你自有分寸。」Wing 笑了笑說：「但我專業能力稍弱，我只會溝通，但你擁有專業知識，我們互相搭配一定會更好。」Kelvin 聽出 Wing 的弦外之音了，也明白了 Wing 並沒有小看自己的意思。**心理隔閡很多時候是一件不會明說，也不會明做的個人感覺**，過於正式的對話或談判容易傷感情，相比之下，雜談的效果會好很多。

你溝通能力強，這事你自有分寸。

但我專業能力弱啊。你看，我會溝通，你會專業，我們搭配一下更好！

人與人之間難免有產生分歧的時候，如果我們和朋友產生了心理隔閡，該如何消除呢？

・消除心理隔閡的方式・

① 分享　分享　LOSE　分享　分享

② HELP!

③ 優點

❶不要覺得分享失敗的事很沒面子。

對心理隔閡的處理要比對「明刀明槍」爭執的處理更加謹慎，因為心理隔閡具有特殊性，表明對方心中對你產生某種防範、不信任或者不滿，但程度不至於讓對方跟你反

切勿直接詢問對方為甚麼生氣，而應先給雙方一段冷靜的時間，認真找出原因並逐個解決。再尋找合適的機會與對方溝通，相信隔閡很快就會消除掉。

目。所以，我們可以依靠恰當的交流技巧，及時消除這種隔閡，避免雙方關係疏遠。

1. 可多分享自己的失敗經驗

如果由於我們自身的表現過於出色，導致對方產生一種心理落差，從而產生心理隔閡，這時候，我們要盡量消除對方對我們的距離感。可以多跟對方分享自己失敗的經驗，因為分享自己失敗的經驗，其實是一種將自己姿態放低的態度。說穿了，是一種避免鋒芒畢露的做法。

2. 讓對方感到「被需要」

正如上面章節所介紹的，「被需要」的感覺對於當時的心理調節有非常重要的作用。因此，當對方產生了心理隔閡時，其中一個比較常用的方法是「打人情牌」向對方求助，或者表示自己一個人完成不了，希望能得到對方的幫助。總而言之，就是讓對方感覺到你需要他。

3. 放大對方的優點

消除心理隔閡的一個良好辦法是讓對方從你的態度中感受到你的尊重。因此，我們可以以對方的優點作為突破口，並且放大對方的優點，揚對方之長，避對方之短，表現出你的尊重。這樣更有助消除對方對你的負面情緒。

成為受歡迎的人
的秘訣

想要成為一個在職場之中受歡迎的人，除了個人形象之外，性格也是非常重要的影響因素。**在雜談交流中體現出自己坦率、好學、謙虛等性格，更容易讓你成為一個受歡迎的人。**

前輩讓 John 和 Tony 去準備一些外國案例，嘰哩咕嚕地說了一堆，兩人都沒聽懂。前輩問：「你們明白了嗎？」Tony 趕緊回答：「明……明白了。」John 反而摸摸頭笑了笑：「不明白呀前輩，能不能舉個例子啊？」這時候前輩就讓 Tony 舉個例子，可是 Tony 根本不懂，支支吾吾半天說不出來。前輩便說：「下次啊，不懂的時候就像 John 那樣，直接說出來，不懂裝懂可不是好事呢。」Tony 終於明白了，John 受歡迎是因為他坦誠率真。

或許在不少人眼中，Tony 的做法相對「取巧」，在有的時候會派上用場，能讓我們避免不必要的尷尬。但是，Tony 這麼做卻無助於自身的提升。相反，John 坦言自己不懂，開口再問，卻能真正地獲取知識，同時也表現出自己坦率的真性情，更容易給人留下良好的印象。

說話達人的超強雜談技巧！

人人都渴望得到別人的認可和喜歡，可並不是人人都能做到。那麼受歡迎的人到底具有甚麼特徵值得我們學習呢？

・受歡迎的人的特徵・

正能量

率　直

特　徵

❗有正能量和率直特徵的人得到的讚賞會更多。

工作生活中，我們的個性、談吐、為人處事、儀容儀表等，會影響到我們的受歡迎程度。其實受歡迎的人大概也離不開一些特質，比如率直、積極和友善。

沒有人喜歡虛偽的人，相反，坦誠、直率的人樂於信任別人，也容易得到別人的信任。同樣，沒有人喜歡滿身負能量的人，人們總是被那些積極、陽光的人吸引。

1. 率直，更容易被對方所接納

或許有的人會將各種工作、溝通技巧看成是與別人打交道的法寶，甚至有人會認為「學會」說話，就是要學會「圓滑」，學會偽裝。可事實並非如此，**我們需要明白，率直、勇敢地說出心中所想**，反而是大多數人都喜歡的特質。率直有助於推動雙方之間建立更為自然的關係。靈活的交際處事技巧固然是我們需要不斷提升的軟實力，但我們同時也需要不忘初心，保持率真坦誠的原則和態度。

2. 時刻傳遞正能量

除了率直之外，是否能給對方傳遞出正能量也是非常重要的。畢竟，**沒有人會喜歡一個充滿負能量的人**。因此，談話過程愉悅輕鬆，各取所需是最理想的狀態。在這種前提下，能讓對方覺得積極向上、有愉悅感的人更容易受大家歡迎。相反，總是自怨自艾或者消極埋怨的人，容易給對方形成心理壓力，因此相對沒那麼受歡迎。

率直，是坦誠對待對方的一種表現，能讓人樂意跟我們接觸；而積極，則是一種傳遞正能量的特質，對塑造個人良好形象有重要作用。

有意思的
雜談技巧

雖然說雜談可以是沒有目的，只為拉近雙方之間的距離，或是幫助彼此免去尷尬的一種對話方式，但只要我們處理得宜，適當地在雜談中設置恰當的話題，或者**使用提問技巧來牽引對方積極參與**，也可以達到意想不到的效果。

Peter 帶着 Tony 一同接待上門想要了解室內設計項目的客戶。但客戶話不多，Tony 多次詢問客戶意向，客戶始終不予回應。後來，Peter 便問客戶：「看李小姐你的品味，你是一位奉行簡約主義的人？」客戶終於開口回應了，Peter 繼續問：「我們還有一些專門採用環保物料設計的案例，不如也給李小姐展示一下？」客戶聽後，覺得有點意思。接下來，Peter 和客戶就環保、簡約、少即是多等主題雜談了好一會兒。

Peter 告訴 Tony，當對方不樂意跟你聊天的時候，我們可以採用有針對性的技巧，將有目的的問題融入到雜談中，問對方，半強制性地牽引對方參與到和你的對話之中來。

群聊時，大家討論得如火如荼，總有一兩個沉默不語。我們用甚麼樣方式能將這些「邊緣人」拉到聊天或者討論中呢？

·有意思的雜談技巧·

Who	When	What
How	Why	Where

❗要注意把握提問的尺度。

雜談的話題內容雖然比其他幾種交流形式輕鬆，但無論是哪種情境下的雜談，總有部分人不願意說話、不願意參與。這時候，如果我們想讓對方參與到雜談中來，就要採用有意思、帶有目的性的雜談技巧了。

最直接的辦法就是向他們發出提問，比如說「王先生，你怎麼看待這個問題呢？」，但是需要把握尺度，如果對方不配合，我們就得識趣地放棄了。

1. 在雜談中加入適當的提問

如果我們想誘導對方參與雜談，或者想通過雜談從對方身上獲取某些訊息，我們可以在雜談過程中有意識地加入「提問」部分。比如，「你對這件事情怎麼看？」等。這些提問之所以有意義，是因為我們在提問中融入了某些客觀訊息或者主觀猜測，以提問對方的形式對這些訊息進行確認，並在最後以問題來誘導對方對我們缺失的訊息進行補充。

2. 雜談中的提問要注意把握尺度

我們可以將提問看成是有效雜談的一種高級技術，但我們同時也要留意到，過多的提問不利於雙向互動型的對話，容易給對方造成心理壓力，影響對方跟你繼續聊天的熱情。所以，在雜談中使用提問技巧，還需順應對方的反應來把握好尺度。如果對方樂意回答，那麼我們可以將自己想要知道的問題融入雜談中；相反，一旦對方有負面情緒，我們就要減少提問次數，將話題轉移到輕鬆的內容上，讓對方繼續保持雜談的興趣。

總的來說，在雜談中融入有技巧的提問，一方面能體現出我們高超的雜談技巧，另一方面又能讓對方參與雜談，分享訊息。但同時我們也要注意根據對方的反應來把握好提問的尺度。

教你如何
快速地抓住人心

無論是日常交流的雜談，還是關於工作的洽談，在交流的過程中，想要最大限度地主導對話，通過對話實現你的目的，最有效的方法是抓住人心。

1. 說對方感興趣的話題

想要抓住人心，首先我們要引起對方的注意和興趣。這樣的情況主要有兩種。一是你對對方感興趣的話題比較熟悉。這時候，我們的操作比較簡單，盡量抓準對方感興趣的點，提出話題。二是你對對方感興趣的話題不怎麼熟悉。這時候該怎麼辦？針對這種情況，我們可以採用詢問的方式圍繞對方的興趣點展開雜談。比如，你可以問對方：「聽說你特別喜歡打橄欖球，聽起來很特別，其實是一種怎麼樣的運動啊？」

在此過程中，只要你表現出聽得津津有味的樣子，那麼就能較好地讓對方保持雜談的熱情了。

2. 說對方了解和熟悉的話題

除了對方感興趣的話題之外，以對方了解和熟悉的內容作為雜談話題，也是上佳的選擇。因為我們相對來說比較喜歡做自己擅長的事，談論自己擅長的話題。「擅長」能幫助我們更好地建立自信，從而在雜談中處於更具優勢的位

如何
抓住人心

置。因此,在雜談中,我們可以有所側重地談及對方了解和熟悉的話題。當然,不同人所了解和熟悉的話題都不一樣,我們該如何去捉摸?

其實,除了每個人的個性之外,我們還可以選擇從比較保險的共性入手。一般來說,大家都了解和熟悉的話題主要和各自的工作背景、個人價值觀、生活環境等有關。

3. 說對方當下最想要知道或者最需要幫助的話題

了解對方的需要並提供幫助,在很多時候是抓住人心最有效的方法。所以,如果我們對對方的需求以及處境有充分的了解,我們就可以從這些方面找話題,為對方提供建議和意見。

(1) 分享給對方最想知道的訊息

滿足對方對某一方面的好奇心,或者對方急切要了解事件的訊息這一需求,能很好地抓住對方的注意力,使對方保持與你對話的熱情。而且,若對方是基於真切需要而渴望知道關於某個話題的訊息,那麼我們這個時候的訊息分享就如同給對方的「及時雨」,能很好地抓住對方的心,給對方留下良好印象。

圖解雜談力 ——

CHAPTER 6

（2）就對方需要幫忙的話題提出自己的建議

如果對方遇到了困難或者麻煩，而我們本身對此有自己的見解，那麼在這時針對問題展開話題，是抓住人心最理想的方式。一來，圍繞對方需要幫忙的話題展開交流，能使我們在對方心中留下善解人意的印象；二來，如果我們提出了操作性強的實際建議，那麼我們就能為對方提供解決問題的答案。

綜上所述，在生活中想要利用雜談有效抓住人心，我們可以將對方感興趣、了解和擅長的，以及對方想知道、需要幫助的幾個話題作為雜談內容，就能有效地吸引對方，抓住人心。

[簡單實踐法]

教你如何快速地抓住人心

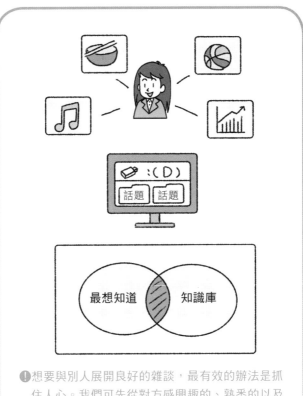

最想知道　　知識庫

❗想要與別人展開良好的雜談，最有效的辦法是抓住人心。我們可先從對方感興趣的、熟悉的以及最想知道的話題出發。

CHAPTER 7

雜談的誤區與
小貼士

在日常生活中，我們常會遇到一些與人雜談的小問題，這時，了解人們在談話中的誤區就很重要了。同時，本章還有一些小貼士，幫助你更好地與人溝通。

天氣是雜談的開場白

正所謂「萬事起頭難」，想要順利地與對方展開雜談，好的開場白非常重要。選擇甚麼樣的切入點才能萬無一失呢？這裏，我們可以試試**用天氣作為切入點**，這是一種比較安全、有效的做法。

Kelvin 提前到了會議室等待部門會議的開始，沒想到林 Sir 也提前來了。Kelvin 不知道這種一對一的場面應該如何暖場，便不出聲，低頭看自己手中的資料。這時候，Wing 進來了，看到林 Sir，便說：「哎啊，最近天氣可真是反覆無常啊，時晴時雨的，真的很煩人，林 Sir 你說對不對？」林 Sir 說：「可不是嘛，搞得我設計方案的靈感都沒了。」Wing 趕緊回答：「哪會呢，你即使靈感受損，一出手還不是技驚四座！」Wing 用天氣作為開場白，和林 Sir 相談甚歡。

Kelvin 單獨面對林 Sir 的時候，由於不知道該怎樣開始而選擇低頭自顧自地看資料，這樣會給林 Sir 一種「他很緊張」的感覺，而且不利於與上司加深了解。相反，Wing 選擇了以天氣作為切入點，就很好地打開了雜談的開端。

大家都會關注天氣，將天氣作為開啟雜
談的話題幾乎人人都能用。那麼之後可
以承接甚麼話題呢？

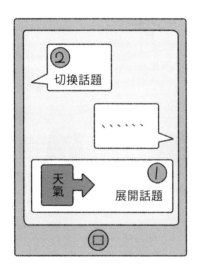

· 用天氣開啟談話 ·

② 切換話題

天氣 ➡ ① 展開話題

❶記得用其他話題來承接。

1. 天氣，是優質的共同話題

我們都知道，想要展開雜談，開場白非常重要。話題選好
了，雜談能由此打開，話題沒選好，對方不一定樂意參與

如果對方是用天氣作為話題的開端，比如「最近氣溫很暖和，真是很舒服的天氣」，那麼，你可以接能在該天氣進行的活動，比如「是啊，最近有出去玩嗎？」

雜談。因此，**選擇一個最容易讓雙方產生共鳴的話題作為切入點**，是比較保險的。但不同的人有不同的關注點，開場的共同話題應該如何選？這裏，我們推薦大家試試「天氣」這個話題。眾所周知，這是個備受關注，人人受影響的話題，自然也是優質的開場話題。

2. 天氣是開關，接着要切入其他話題

當然，天氣是很好的切入話題，但僅此而已，**我們不能指望整個雜談都圍繞天氣展開。**否則，容易讓對方覺得你在敷衍他，或者只是純粹想打發時間，並非真心想跟他聊天。所以，以天氣作為開關，成功推動雜談開展之後，就要趕緊以新話題進行承接。比如，「回南天天氣真的讓人很心煩」，緊接着可以開啟話題「對啊，你覺得最近有甚麼電影值得我們冒雨去看的嗎」。

天氣、氣候是打開雜談的開關，它能作為我們在絕大部分場合、與不同人交談的切入性話題。不過我們也需要在後續承接別的更加有談論意義的話題，如工作、生活相關的內容，這樣才能利用雜談讓彼此變得更加熟悉。

為甚麼你和他們
愈來愈疏遠

在人與人的日常交往中，我們會發覺，除了「見面先留三分情」之外，聊得好不好，有沒有共同話題也是影響彼此親密度的重要因素。有時候，如果我們和對方愈來愈疏遠，很可能是缺乏溝通和交流的緣故。

Kelvin 最近參加了同學聚會，發現和當時大學的兄弟們愈來愈疏遠了。Kelvin 問自己的大學好友：「聽說你畢業後到了某科技公司工作，不錯啊！」好友苦笑一聲：「你是甚麼時候的消息啊，我早就『炒老闆魷魚』了，現在是自己當老闆啦。」這時候，另外一位大學同學湊過來笑道：「哈哈，你的公司最近不錯啊，廣告都登到我們報紙頭版上來了。」於是好友便和這個更加了解自己的同學聊了起來。

Kelvin 所遇到的情況，不僅是談話技巧的問題，還在於平時沒有花時間和對方聊聊天，或者是進行簡單的日常問候。總的來說，就是缺乏必要的交流，從而導致相互之間的訊息缺乏更新。對彼此近況不了解，就會愈來愈疏遠。

來看看雜談力小貼士！

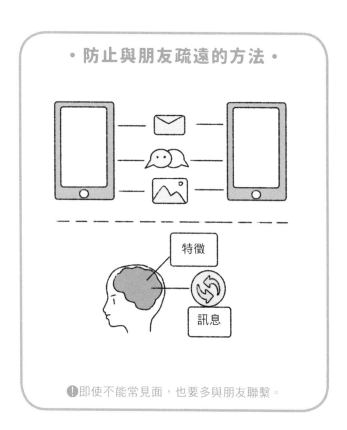

· 防止與朋友疏遠的方法 ·

特徵

訊息

❗即使不能常見面，也要多與朋友聯繫。

關係，從來都不是一蹴而就的，哪怕你是面面俱圓的人，也需要花時間用心去維護和各種親朋好友、同事客戶的關係。一方面要保持聯繫，維持熱絡感；另一方面還得記住不同人的特性。

現在是智能手機的時代，手機聯繫非常方便，我們可以利用社交 APP 多與自己的朋友聊天，關心他們的近況，在群聊之中互相調侃等等，聊多了就不會疏遠了。

1. 常常保持聯繫，防止關係疏遠

保持聯繫，是維持關係最有效的方法。無論是工作夥伴、客戶，或是大學同學、朋友，即使是最近沒有空相約見面，也要經常利用各種社交軟件或者通信方式進行簡單的雜談，聊聊相互之間的近況等。簡單如 Facebook 的評論回覆、WhatsApp 群中的附和或調侃，都能很好地幫助你在沒辦法頻繁約會對方的時候，維護雙方關係的熟絡度。

2. 記住對方的特點，及時更新對方的訊息

想要和對方愈走愈近，而不是愈來愈疏遠，在雜談上我們要融入「詢問近況」的話題，不時了解對方最新的情況，讓對方感覺良好，才願意跟你保持友好關係。同時，我們還需要有意識地記住不同人的特性，比如對方的喜好、對方的忌諱等，雜談的時候需要朝着對方的興趣點做話題延伸，規避對方不樂意談論的方面，這樣就能讓對方更願意跟你親近。

確保交流的頻率，是維持好雙方關係的關鍵點，還要記住每個人的不同之處，給予對方最好的交流感受。

總被上司否定的真正原因是甚麼

大家在職場中有沒有以下經歷？在與上司交流時，總是被上司否定。如果出現了這種情況，我們除了要檢查自身意見、觀點的準確性之外，還要弄清楚，是不是我們沒有正視上司在這個話題上的「匹配度」，我們很可能提及了他不擅長卻又不想表現出來的弱項。

Tony 和 Peter 遇到了正在等升降機的林 Sir。Tony 開腔道：「林 Sir，我覺得現在企業經營 Instagram 帳户是大趨勢啊。」林 Sir 聽了，興趣不大，說：「都是些不實際的東西，還特意請人來拍攝相片和出帖文，恐怕效益不高吧。」Peter 接話：「聽說 Tony 很懂新媒體的發展，你讓他說說看吧。」經 Peter 這麼吹捧，林 Sir 只好認真地聽 Tony 介紹 Instagram 的特色，最後竟然對圖文並茂、風格簡約的年輕宣傳方式挺喜歡的。

Peter 的簡單一句話，讓林 Sir 覺得 Tony 在別人眼中對新媒體特別在行。在這樣的吹捧之下，他就不好過分地否定 Tony 的提案了。

來看看雜談力小貼士！

與上司聊甚麼樣的話題容易給上司留下不好的印象？

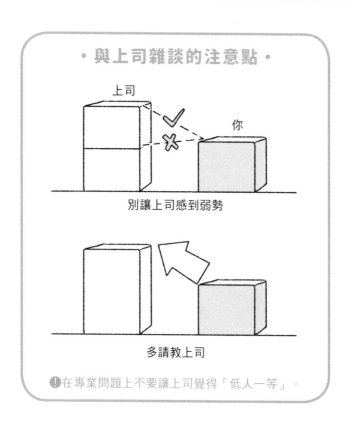

· 與上司雜談的注意點 ·

上司

你

別讓上司感到弱勢

多請教上司

❗在專業問題上不要讓上司覺得「低人一等」。

工作上被上司否定，是常有的事。但如果我們總是被上司否定，那麼就要學會找尋原因了。撇開自身能力和工作表現不說，怎麼和上司交流溝通，有沒有在交談中體現對上司的尊敬也是重要的影響因素。

聊上司不在行的話題時要注意聊天的方式，不能以說教的姿態高高在上，要循序漸進，引導上司一層一層地了解清楚。

1. 別讓上司在對話中感受到弱勢

說到「弱勢」，或許很多人會覺得：對方是上司，怎麼可能會弱勢？其實，這裏所說的是指對於某些方面他是否擅長。俗話說得好：**術業有專攻**。一個偌大的公司，很多人都會在自己的崗位、自己的專業領域有着豐富的經驗和高精的技術。但是上司不可能對各方面都瞭如指掌。我們在與上司雜談過程中不應帶着炫耀或驕傲的態度，讓上司感到弱勢。我們要注意循序漸進，先引導上司了解層面的東西，然後深入。

2. 多請教上司，你能學到更多

適量「不經意」的讚美使人心情愉悅。對於上司來說，向他請教是對他的一種尊重。我們有必要將自己的姿態放低，即使你是這個話題的專家，比如最近新推出的手機遊戲，你玩得成了「屈機達人」，也不要在上司面前炫耀自己。反而應該適當地讚美上司在這方面緊跟潮流，表示你很想跟他請教。這樣，在整個雜談中，你被上司否定的可能性就會大大降低。

接觸的次數
很重要

恰到好處的雜談與接觸，是維持良好關係的關鍵。但是不是說談得愈久就愈好，因為雜談本身應該是一種無負擔的對話，**一旦談話時間過長，容易讓對方厭煩，甚至產生反效果。**

Kelvin 迷上攝影之初，總是向攝影業餘愛好者 John 討教，一問就是一個多小時。後來 Kelvin 再約 John，John 總是說沒有空。Kelvin 覺得奇怪，便向 Wing 打聽，才得知，John 嫌自己太「長氣」了，耽誤了 John 的工作。Kelvin 終於知道自己的問題出在哪裏。後來，Kelvin 看到不錯的攝影雜誌時，就會去找 John 聊一下，都是兩句起，三句止，倒是讓 John 覺得 Kelvin 很有心，而且開聊幾句既加深了了解，彼此也不累。於是，John 和 Kelvin 很快成為了攝影好友，經常相約週末去攝影。

一開始 Kelvin 迫切地想要從 John 那裏了解更多自己關注的東西，而忽略了 John 的感受，所以 John 選擇了迴避他。經過 Wing 的提醒，Kelvin 減少了單次談話的時間，轉而增加了平時的小接觸，取得了很好的拉近距離的效果。

來看看雜談力小貼士！

與朋友或者同事聊天，一次時長 1 小時或者 2 小時和每次 20 分鐘，哪一種效果更好？

・與人雜談需要注意的兩點・

安全線

❶接觸的次數愈多，親密感就會愈強烈。

雜談過程中，我們需要留意雜談的時間以及對方的感受，不要一次耗費對方太多時間，要讓對方在無壓力、不抗拒的前提下和你舒服地雜談。因此，與其追求單次雜談的時間，不如增加雜談的次數。

一次談話時間過長、訊息量過大容易讓人感到疲倦，而且對方不一定都能記住。所以次數多，並且時長短的談話效果更好。

1. 雜談時間：過猶不及原則

對於雜談時間，我們首先要釐清一些概念。首先，雜談講求技巧，想要獲取拉近距離的效果，關鍵不在於時間，而在於**雙方在雜談過程中的整體感受**。所以，並不是時間愈長，我們就能給對方留下愈好的印象。相反，過長的雜談時間會讓對方感覺疲勞，很可能降低雜談的成效。其次，過多的話題內容容易讓對方無法聚焦。如果你們談了兩個小時，談了很多話題，那麼對方很難將這些訊息全部記住。

2. 雜談次數：單純接觸原則

心理學研究表明，**個體之間的親密度，會因接觸的次數多少，以及接觸頻率的多少而發生改變**。簡單地說，你一個月之內拜訪客戶兩次，以及一年內拜訪同一個客戶兩次所取得的效果是不同的，因為明顯前者的接觸頻率相對較高。所以說，如果想增進雙方關係，注意短期內的單純接觸，提升接觸頻率是非常有效的做法。

總體來說，想要借助雜談來加深雙方關係，我們應該增加接觸的次數，提升雜談的頻率，而非單純地追求單次雜談的時間長度。

多人場合應注意的雜談方式

在職場中，除了一對一的雜談，還會有多人對話的時候，我們需要注意其他參與者的感受。只要在場的參與者或潛在參與者總數超過兩位，我們就需要顧及整體的談話效果，不能忽略了暫時沒有參與話題的人。

有一次公司員工聚餐，Kelvin 和 Wing 因為年齡、經歷相仿，兩人一直在自顧自地交談，周圍插不上話的幾個同事面面相覷一臉尷尬。這時候林 Sir 給他們圓場：「都說年青人比較『啱 key』，見 Wing 和 Kelvin 聊得那麼開心，真想偷聽一下！」Wing 明白林 Sir 的意思，便說：「我們在討論租屋的問題，Kelvin 想要租一間更靠近公司的房子呢。」這個話題提出了之後，不少有經驗的前輩便給了 Kelvin 很多建議，場面就熱鬧起來了。

Kelvin 和 Wing 談得起勁，將其他人冷落了，不僅顯得沒有禮貌，也容易讓其他同事對二人產生負面印象。最後，林 Sir 主動讓他們分享話題，才將二人的對話轉變為集體閒聊。

與同學聚會時，如果其中一位同學老是
抓着你聊天，而把其他幾位晾在一邊，
該怎麼化解尷尬呢？

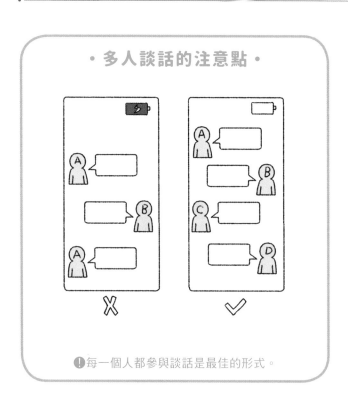

・多人談話的注意點・

❗每一個人都參與談話是最佳的形式。

當我們在一個多人場合的環境下，雜談的最基本要求是兼
顧多方參與者，盡可能協調大家參與其中。如果無法充當
主導者，我們也可以作為話題的承接人，做好「傳球」工
作，不要一味有選擇性地和其中一兩人聊天，而冷落了其
他人。

遇到這種情況，我們可以找準時機將話題轉交給別人，讓其他人也參與到談話中來。

1. 避免一對一長時間交談

如果對方一直說話，你無法及時停止，那麼我們可以**嘗試找準時機，將話題轉給其他人**，做好「傳球」工作。這個時機可以是客觀的，也可以是主觀的。比如對方談及股票問題，如果你想婉轉脫離對話，可以說：「我聽說王先生是資深股市高手，你們可以好好暢談一番。」像這樣，以對話的話題作為引子，引出一個新的對話對象，並表示自己的意圖是「希望給對方找一個更優質的雜談對象」，這樣既做到了婉轉，又實現了結束長時間一對一雜談的尷尬。

2. 盡可能地讓更多的人參與到話題中來

多人場合下，我們要盡可能地讓更多人參與雜談。這個可以從兩方面入手，一方面，在雜談話題上，我們可以選擇相對**主流和大眾**的，大家關注都比較高的話題，不要說過於私密的話題；另一方面，**要充分調動大家參與的積極性**。可以選擇一些誘導性的話語，如：「John，你覺得呢？」、「Tony 你說對不對？」多用這些承接兩方的話題，來調動更多人參與到話題中來。

所以說，多人場合下，最基本的雜談技巧是調動更多的人參與雜談，兼顧各方參與者的感受，避免過多的一對一雜談。

不要讓自己變成
以偏概全的人

我們的話語往往透露着自己對事物的看法，因此，在雜談中要注意「三思而後言」，切不可過快地表露自己對某事物的主觀看法。因為急於表露個人主觀看法，尤其是負面看法，很容易給人一種以偏概全的感覺。

Peter 最近帶領 Tony 和 Wing 合作一個項目，Wing 按照自己跟客戶接觸所得出的主觀結論，認定客戶比較傾向於北歐簡約風格。Tony 則覺得目前來說難以下判斷，希望多旁敲側擊進一步明確客戶意向，雙方就此爭持不下。Peter 見狀便說道：「其實，我覺得 Wing 固然有想法，但對於初次合作的客戶，我們不妨再深入了解一番，畢竟馬上下判斷，是很危險的。」Wing 這才明白了自己的問題所在。

Wing 的尷尬在於她急於表露自己的主觀判斷，而這種主觀判斷不全面，缺乏客觀審視的過程，容易給人一種看待事情過於片面的負面印象。

甚麼是「以偏概全」？怎麼樣能避免在
雜談中成為「以偏概全」呢？

• 避免成為以偏概全的人 •

條件　因素　優點　缺點

❶先安靜聆聽，充分思考後，再發表觀點。

以偏概全是指一種看待事物不夠客觀全面，具有偏見的想
法。雖然說我們的主觀看法很重要，但如果是片面的，甚
至是帶有偏見的主觀意見，就不要急於說出來，要深思之
後再表達自己的觀點。

以偏概全是指看待問題不全面，甚至帶有偏見的特徵。避免的方法是：多思考、多聆聽、全面看待問題，然後再發聲。

1. 先聆聽、思考，再發聲

在談話中，我們可以先聆聽其他人對於這件事情的看法，如果大家已經談論出一個大概的主流方向，那麼我們最好順應着這個主流方向去發表意見，這樣更容易融入雜談。如果雜談參與者各執一詞，我們可以將自身的主觀意見融入到自己支持的一方之中。當然，雜談並非辯論，談論可以停留在蜻蜓點水的程度，沒必要過度爭執。

2. 盡量客觀地分析，不要憑主觀臆想去評價和判斷

當然，如果不想成為以偏概全的人，最理想的做法是調整我們的思路以及對事物的判斷方式，要學會全面地分析，不要鑽牛角尖。比如我們不能只看到對方「工作狂，對下屬特別嚴厲」的一面，還得客觀地分析和看待其對下屬嚴厲的影響，比如讓下屬進步特別快、特別獨立等。

避免成為以偏概全的人，我們可以從說話和思考兩方面入手：一方面調整自己的說話方式，先聆聽和思考然後再表達意見；另一方面，要學會客觀全面地看待問題，不要總是根據主觀判斷去評價某個人和某件事。

教你如何進行完美主義度檢查

有人認為雜談是草率、沒有意義的行為，不符合「完美主義」。其實完美主義是一種容易對事物處處表現不滿，事事追求極致完美，難以忍受瑕疵和不足的一種性格表現。現實生活中，有不少人具備一定的完美主義傾向，自己卻不清楚這一點。因此，我們可以適當地對自己進行完美主義度檢查。

1. 過於看重細節，以致於弄丟重點

細節在一定程度上對事物的發展有非常重要的影響，但細節不等於一切。只有抓住重點才能使事情向着我們預設的方向發展。因此，如果我們抓住細節不放，甚至失去了重點，忽視了關鍵環節，那麼就表明我們具有一定的完美主義傾向。我們要訓練自己多留意重點，並且有意識地控制自己圍繞着重點進行思考。

2. 為了追求工作而犧牲娛樂和人際交流

一般來說，我們的身心會發放「疲勞」、「需要放鬆」的訊號，這是我們追求勞逸結合，維持正常生活交際的必要環節。如果我們刻意去忽視這種訊號，為了工作而犧牲掉個人娛樂和交際活動，終日圍繞工作而運轉，那麼這也是完美主義的一種表現，需要有意識地進行調整，做到勞逸結合。

3. 過於執着於道德倫理價值觀，不懂通融

如果我們認定了一個道德倫理觀點，就一味認為與這個觀點相悖的事情都是錯誤的，那麼我們就需要審視自己是否過於追求完美了。比方說，我們認為子女應該和父母同住，照顧父母。一旦發現有的子女追求自己的生活，讓父母獨居，就覺得這種做法是錯誤的。雖然，這和我們的道德倫理觀點相悖，可這真的就是一個「錯誤」的做法嗎？

4. 對於沒有價值的回憶，就是不願扔掉

每個人都有屬於自己的回憶，但不代表說每一段回憶都是有價值的。如果一個人對這種沒價值的回憶念念不忘，甚至沉浸其中，那麼，就容易陷入追求完美主義的怪圈中，耗費自己的精神而得不到裨益。

5. 對於不服從於自己的人，沒辦法與其交流

完美主義者往往對自己的觀點比較執拗，聽不進別人的意見，更沒辦法跟與自己觀念或者價值觀不一樣的人交流。如果我們有這樣的心態，就需要警惕自己過於追求完美了，會使自己出現人際交往的危機。

6. 冥頑不靈

冥頑不靈，說白了就是難以勸服，總是不聽別人的勸告，認準了一件事就埋頭苦幹，等碰壁之後，也不懂得反思自己是否思路和方法出現了問題。這種「硬頸」的性格，大部分情況都是不可取的，因為這不僅辛苦了自己，辛苦了別人，也容易讓事情達不到預期效果。

整體來說，追求完美的態度並非錯事，但如果程度太深，就容易讓自己出現人際交往危機，也不利於工作和生活的開展。所以，完美主義這個問題，我們要時刻自查，使之停留在一個有追求但不強求的程度，才是最理想的。

［簡單實踐法］

教你如何進行完美主義度檢查

特徵 ＼ 程序	嚴重	一般	輕微
看重細節			
工作狂			
執着			
念舊			
控制欲			
頑固			

❗適度的完美主義能提高我們的工作和生活的質量，但是過於完美主義就會有一些負面影響，所以不時地自我檢查一下吧，不要讓完美主義成為一個貶義詞！

主要參考 & 引用

[1] 櫻井弘　著：《誰と會っても會話に困らない 雑談力 サクッとノート》。東京：永岡書店，2014。

[2] 魚住りえ　著：《たった１分で會話が弾み、印象まで良くなる聞く力の教科書》。東京：東洋経済新報社，2017。

[3] 百田尚樹　著：《雑談力（PHP 新書）》。東京：PHP 研究所，2016。

[4] 雑學研究倶楽部　著：《あなたの雑談力を上げる！話のネタ大全 會話力向上シリーズ》。東京：SMART GATE Inc，2016。

[5] PATTERSON K, GRENNY J, MCMILLAN R, et al, *Crucial conversations tools for talking when stakes are high*, New York : McGraw-Hill Education, 2011.

[6] PERROTTA D, *Conversation casanova: How to effortlessly start conversations and flirt like a pro,* New York : Create Space Independent Publishing Platform, 2016.

[7] MIPHAM S, *The lost art of good conversation: a mindful way to connect with others and enrich everyday life*, New York：Harmony, 2017.

圖解
雜談力

快速掌握
49 項精準聊天秘技

速溶綜合研究所　著

責任編輯　　朱嘉敏
裝幀設計　　明　志　楊愛文
排　　版　　楊舜君
印　　務　　劉漢舉

出版

非凡出版
香港北角英皇道 499 號北角工業大廈 1 樓 B
電話：（852）2137 2338　傳真：（852）2713 8202
電子郵件：Info@chunghwabook.com.hk
網址：http://www.chunghwabook.com.hk

發行

香港聯合書刊物流有限公司
香港新界大埔汀麗路 36 號
中華商務印刷大廈 3 字樓
電話：（852）2150 2100　傳真：（852）2407 3062
電子郵件：info@suplogistics.com.hk

印刷

美雅印刷製本有限公司
香港觀塘榮業街 6 號海濱工業大廈 4 樓 A 室

版次

2019 年 3 月初版
©2019 非凡出版

規格

184mm x 130mm

ISBN

978-988-8572-34-2

本書簡體字版名為《雜談力：新鮮有趣的溝通
精進技巧》（ISBN：978-7-115-47820-7）。
本書為長沙市越華文化傳播有限公司授權的繁
體字中文版。